你不是不懂數學，只是不懂方法！

別瞎算！

數學題目

這樣解就對了

補教名師
王擎天博士、傑哥老師 著

🎓 老師們狂推的工具書

🎓 資優生必啃的學習書

中學數學和你想的不一樣

為什麼有些同學的功課特別好？這個問題普遍存在於學生的心中，是他們學的東西不一樣嗎？還是他們勤奮努力的程度不一樣呢？請你檢視一下自己有沒有以下狀況：

1. 讀數學時大多是用看的，很少主動思考並動手運算。

2. 常常一邊算題目，一邊不自覺地看書本附的解答。

3. 花在數學的時間遠比其他科目來的少。

4. 常常腦子裡已經知道要怎麼算，但還是計算錯誤。

5. 如果有兩個科目要準備，一定會把數學擱在最後才看。

如果你有上述狀況，表示學習數學的方法和觀念不大正確。數學科非常注重「基礎」與「演練」，每個環節不論簡單與否，都要紮紮實實的演算，或許你會覺得加減法很簡單，不用太認真都能學得會，輕忽怠慢所造成的結果就是學不紮實，甚至進位、退位不太熟練，等到多位數的運算一下來，錯誤率就大大增加。甚至需要花點心力去記誦的九九乘法表或三角函數也懶得背，那這樣數學一定很難學好！

事實上，影響成績好壞最重要的因素是學習方法不同。功課好的人，因為掌握科學的、合適的學習方法，因此讀起書來游刃有餘、事半功倍。反之，成績不好的同學，因為還沒找到合適的方法，或是運用錯的方式學習，導致事倍功半，不僅學習成效大打折扣，還會因為無法在成績上

得到應有的回饋，進而排斥學習。數學源於生活且反過來應用於生活，科學技術發展，數學的價值更加不可忽視，一個民族的發展，乃至於一個國家的強盛，都與數學的發展息息相關。

聯合國教科文組織在《學會生存》一書中指出：「未來的文盲將不再是不識字的人，而是不會學習的人。」掌握正確的學習方法，比學習既有知識重要，中國古代道家經典著作《老子》中說過：「授人以魚，不如授之以漁。」魚是目的，釣魚則是手段，一條魚能解一時之饑，卻不能解長久之饑，只有學會釣魚的方法，才能永遠有魚吃，因此學會方法是中學生要練就的基本功。不僅如此，學會方法還可以激發學習興趣，在面對眾多課程時若只靠死背硬記，必然覺得枯燥乏味，興致全無，若學會方法與技巧，學習起來就將樂在其中，肯定是愈學愈想學。本書整理中學數學常見的 25 個解題方法與高效必考公式，期盼為學習路上徬徨的學子，提供有效且即時的助益。

學會方法不僅對現在的學習很重要，對於將來的工作也很重要。學校學習的知識有限，現今知識爆炸的年代，訊息瞬息萬變，科技日新月異，只有透過不斷學習才能更新自己的知識，也才能在這激烈的競爭環境中立於不敗之地。

CONTENTS

目　錄

Ch1 **掌握基本分：答題基本要求與步驟** 7

1-1　弄清題意，分段解題 8

1-2　解答必須符合題意、理由充分 10

1-3　過程必須表達合理、層次分明 11

1-4　解法必須力求簡潔、書寫工整 14

Ch2 **延伸進階分：解題實用方法與技巧** 15

2-1　認真審題，瞭解已知條件的涵義 16

2-2　運用已知條件，尋求解題途徑 18

2-3　運用分析法與綜合法解題 21

2-4　養成嚴格推演，準確表達的好習慣 22

2-5　檢查解題結果，提高解題品質 24

2-6　認真學好基礎知識，不斷總結摸索 24

2-7　苦練運算技能，掌握過人本領 28

Ch3 **突破飆高分：破題綜合策略與招式** 31

3-1　待定係數法 32

3-2 換元法 34

3-3 消去法 36

3-4 配方法 37

3-5 判別式法 39

3-6 拆併項法 40

3-7 分母（分子）有理化法 41

3-8 輔助元素法 42

3-9 枚舉法 44

3-10 中途點法 49

3-11 坐標法 54

3-12 迭加法 58

3-13 遞推法 61

3-14 倒推法（分析法）... 63

3-15 順推法（綜合法）... 64

3-16 經驗歸納法 65

3-17 數學歸納法 67

3-18 反證法 72

3-19 等價變換與非等價變換 74

3-20 維數變換法 78

3-21　幾何變換法..82

3-22　對稱性原理..83

3-23　試驗法..86

3-24　逐步逼近法..87

3-25　類比法..88

Ch4 高效必考焦點公式..93

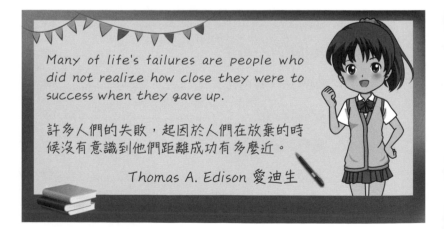

Many of life's failures are people who did not realize how close they were to success when they gave up.

許多人們的失敗，起因於人們在放棄的時候沒有意識到他們距離成功有多麼近。

Thomas A. Edison 愛迪生

Ch1

掌握基本分
— 答題基本要求與步驟 —

中學數學在內容和形式上五花八門，千姿百態，各有差異，但解題的基本要求與步驟是完全一致的，我們必須嚴格遵照解題的規律，按照習題的基本要求去解答，才能達到解題的目的，收到理想的效果。

≫ 1-1　弄清題意，分段解題

　　數學題的答案是確定的，但過程解法往往不是唯一。我們必須對題目的已知條件進行全面的考量，分析解答的各種可能情況，從而求出所有符合的解，使解答詳盡完整。有些同學一看到題目就一味地求快，結果題意未清、條件未全，就急於解答，欲速則不達，結果不是思維受阻不然就是進入死胡同，導致失敗。因此審題要慢、解答要快。審題是整個解題過程的「基礎工程」，題目本身是「怎樣解題」的資訊源，充分弄清題意，綜合所有條件，提煉全部線索，形成整體認識，才能為解題思路提供全面可靠的依據。一旦正確的解題思路形成，則儘量快速完成解題。

　　當面對一個較困難的問題，確實解不開時，可以試著將它劃分為一個個子問題或一系列的步驟，先解決其中一部分的問題，看能解決到什麼程度就解決到什麼程度，計算過程能算幾步就寫幾步，至少每進行一步就可得到這一步的分數。像是把題目的文字語言轉譯成數學符號，把條件和目標寫成數學式子，設應用題的未知數，設軌跡題的動點坐標，依題意畫出正確圖形等，都能分段得分。

☼ example 1

　　已知雙曲線 $x^2 - \dfrac{y^2}{2} = 1$ 過點 $A\,(2\,,1)$，作直線 L 與所給雙曲線交於兩點 P_1 及 P_2，求線段 $\overline{P_1 P_2}$ 之中點 P 的軌

跡方程式。

解答

大部分的同學這樣解：

設各點坐標為 $P_1(x_1, y_2)$，$P_2(x_2, y_2)$，$P(x, y)$。

由點斜式設直線 L 的方程式為：$y = k(x - 2) + 1$

代入雙曲線方程式得

$(2 - k^2)x^2 + (4k^2 - 2k)x - 4k^2 + 4k - 3 = 0$

$\Rightarrow x_1 + x_2 = \dfrac{4k^2 - 2k}{k^2 - 2}$

$\therefore x = \dfrac{x_1 + x_2}{2} = \dfrac{2k^2 - k}{k^2 - 2}$

又 (x, y) 在直線 L 上，代入得

$y = k \cdot \left(\dfrac{2k^2 - k}{k^2 - 2} - 2 \right) + 1 = \dfrac{2(2k - 1)}{k^2 - 2}$

$\therefore$ 所求軌跡的參數方程式為 $\begin{cases} x = \dfrac{2k^2 - k}{k^2 - 2} \\ y = \dfrac{4k - 2}{k^2 - 2} \end{cases}$（$k$ 為參數）

上面這個解答是不完整的。當直線 L 的傾斜角為 $90°$ 時，k 不存在，無法用點斜式，而此時 L 的方程式為 $x = 2$，再由雙曲線方程式可得 $P_1(2, \sqrt{6})$，$P_2(2, -\sqrt{6})$，應把 P 點 $(2, 0)$ 補入。

因此軌跡方程式為 $\begin{cases} x = \dfrac{2k^2 - k}{k^2 - 2} \\ y = \dfrac{4k - 2}{k^2 - 2} \end{cases}$ 及 $\begin{cases} x = 2 \\ y = 0 \end{cases}$（$k$ 為參數）

有些同學由參數式軌跡方程式消去參數 k 後，得軌跡

的普通方程式：$\dfrac{8\,(x-1)^2}{7}-\dfrac{4\,(y-\frac{1}{2})^2}{7}=1$

可知軌跡為雙曲線。但又
想到 $\overline{P_1P_2}$ 在雙曲線內
部，於是判定軌跡為所得
雙曲線的右枝。表面上
看，似乎想得很周到，其
實錯了。原來，直線 L 與
雙曲線 $x^2-\dfrac{y^2}{2}=1$ 相交有
兩種情況：

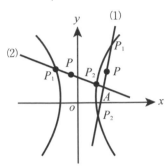

(1) L 與雙曲線右枝相交，軌跡為所得雙曲線右枝；
(2) L 與雙曲線左右兩枝相交，軌跡為所得雙曲線左
　　枝。

$\therefore$ 軌跡方程式為 $\dfrac{8\,(x-1)^2}{7}-\dfrac{4\,(y-\frac{1}{2})^2}{7}=1$

》》1-2　解答必須符合題意、理由充分

　　解數學題首先必須保證答案的正確性和合理性。正確
性要求已被公認，但合理性要求卻往往被忽視，經常錯而
不覺。無論是解計算題、證明題還是作圖題，都應做到言
必有據、理由充分，不能以想像做為依據、不能以直觀代
替證明。解題中每一步的推演都必須以前一步推演成立為
前題，使推演建立在牢固可靠的邏輯基礎上。

example 2

已知 $\log_{18}9 = a$ $(a \neq 2)$ ，$18^b = 5$，求 $\log_{36}45$。

擎天小語

不少同學看到題目後會這樣算：

$$\log_{36}45 = \frac{\log45}{\log36} = \frac{\log9 + \log5}{\log4 + \log9} = \frac{2\log3 + \log5}{2(\log2 + \log3)}$$

$$= \frac{2 \times 0.4771 + 0.6690}{2(0.3010 + 0.4771)} \approx 1.06$$

這個解答的運算過程並無錯誤，但由於不合題意，解答是不合理的，然而同學們卻錯而不覺。請注意這道題中 a、b 是已知數，題目要求用已知的 a、b 來表示 $\log_{36}45$ 的數值。

解答

由 $18^b = 5 \Rightarrow \log_{18}5 = b$

$$\therefore \log_{36}45 = \frac{\log_{18}45}{\log_{18}36} = \frac{\log_{18}9 + \log_{18}5}{\log_{18}18 + \log_{18}2} = \frac{a + b}{1 + \log_{18}\dfrac{18}{9}}$$

$$= \frac{a + b}{1 + \log_{18}18 - \log_{18}9} = \frac{a + b}{2 - a} \quad (a \neq 2)$$

1-3 過程必須表達合理、層次分明

數學題的解答過程不可能規定具體的敘述形式，但表達必須合乎邏輯、準確恰當、條理清楚、簡潔明瞭，且應層次分明地交代清楚主要的判斷、推演過程和依據，以及答案的合理性。當然，隨著年級的不同，對表達的要求也

不一。高二同學開始學習平面幾何時，敘述就更要求詳盡，每步推證都要求在判斷句後把依據註明出來。隨著年級的升高，敘述雖可逐步簡略，但基本邏輯層次是不能改變的。同時還要注意正確合理地使用數學符號，使表達準確簡潔。

example 3

設等腰 $\triangle OAB$ 的頂角為 2θ，高為 h。在等腰 $\triangle OAB$ 內有一動點 P，到三邊 $\overline{OA}$、$\overline{OB}$、$\overline{AB}$ 的距離分別為 $|\overline{PD}|$、$|\overline{PF}|$、$|\overline{PE}|$，並且滿足關係式 $|\overline{PD}| \cdot |\overline{PF}| = |\overline{PE}|^2$，求 P 點的軌跡方程式。

解 答

如右圖建立坐標系：

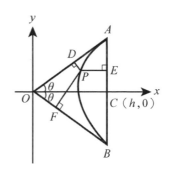

$\overline{OA}$ 的方程式為

$y = x\tan\theta$

即 $x\tan\theta - y = 0$

$\overline{OB}$ 的方程式為

$y = -x\tan\theta$

即 $x\tan\theta + y = 0$

$\overline{AB}$ 的方程式為 $x = h$

設 P 點坐標為 (x, y)，因點 P 在 $\triangle OAB$ 內

$$\Rightarrow |\overline{PD}| = \frac{x\tan\theta - y}{\sqrt{1 + \tan^2\theta}} = x\sin\theta - y\cos\theta$$

$$|\overline{PF}| = \frac{x\tan\theta + y}{\sqrt{1 + \tan^2\theta}} = x\sin\theta + y\cos\theta$$

$|\overline{PE}| = h - x$

代入條件：$|\overline{PD}| \cdot |\overline{PF}| = |\overline{PE}|^2$ 得

$x^2\sin^2\theta - y^2\cos^2\theta = (h - x)^2$

即 $x^2\cos^2\theta - 2hx + y^2\cos^2\theta + h^2 = 0$

由題設知 $\cos^2\theta \neq 0$，故得 P 點的軌跡為

$(x - \dfrac{h}{\cos^2\theta})^2 + y^2 = (\dfrac{h\sin\theta}{\cos^2\theta})^2$，$x \in [\dfrac{h}{1 + \sin\theta}, h]$

擎天小語

此題同學們在表達時存在的主要問題是：

(1) 表出 $|\overline{PD}|$、$|\overline{PF}|$、$|\overline{PE}|$ 時，不提 P 點在 $\triangle OAB$ 內，這是不妥的。因 P 點在 $\triangle OAB$ 外部則表達方式不盡相同，這個判斷依據必須有，並非可有可無。

(2) 由普通式化標準式時，用 $\cos^2\theta$ 去除兩邊，不判定 $\cos^2\theta \neq 0$，是不能這樣做。

(3) 答案的最後敘述，有的同學認為是圓：

$(x - \dfrac{h}{\cos^2\theta})^2 + y^2 = (\dfrac{h\sin\theta}{\cos^2\theta})^2$

這是錯的，因 x 值是有範圍，顯然 P 點的軌跡是上述圓在三角形內部的部分圓弧。

》 1-4 》 解法必須力求簡潔、書寫工整

　　一個數學題的解法往往不是唯一，因此在掌握一般解法的基礎上，逐步選擇最優解法，使我們具有針對各種特殊問題應用各種特殊解法的本領，達到知識的融合貫通，技能靈活熟練。尤其考試時間很緊迫，不允許做大量細緻的驗算，所以要儘量準確地運算，關鍵的步驟務必力求準確，寧慢勿快，立足一次成功。解題速度是建立在解題準確度的基礎上，更何況數學題的數據不但要從「數量」下手，有時還得從「性質」切入，這些引用都影響著後續答題的步驟。所以，在快速解題的前提下，穩紮穩打、步驟簡潔明確，不因追求速度而丟掉準確度，甚至失去重要的得分步驟。

　　此外，考試的試卷是閱卷者批閱的唯一依據，倘若字跡潦草，會使閱卷老師第一印象不佳，進而使閱卷老師認為考生學習不認真、基本功不夠、「感情分」也就相對減低了，此所謂心理學上的「光環效應」，因此書寫要工整，表達要明確，會做而得不到分數反而令人惋惜。

Ch2

延伸進階分
― 解題實用方法與技巧 ―

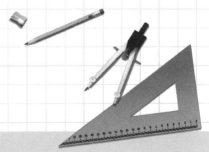

學習是一個從陌生到熟悉的過程，掌握勤思練查――多勤奮、多思考、多練習、多查漏，來熟悉和重溫對基本公式的理解，掌握正確有效的解題方法和技巧，不僅可以幫助同學們培養好的數學素養，也是提升數學解題效率的關鍵。

》 2-1 ▶ 認真審題，瞭解已知條件的涵義

中學數學題的內容及形式是極為廣泛且多樣的，一般來說，主要是根據已知條件求出未知結果的計算題，和證明某些已知數學結論正確性的證明題。這些習題涉及的知識不可能是單一的，解題途徑也不同，但解題都必須遵循一定的思維程序，並按一定的解答步驟去完成。

解數學題就是應用一般的數學原理，求解特殊的數學問題，因此必須具體的分析題目中矛盾的特殊性。在解數學題時，首先必須認真看題，反覆審題，真正把題目的已知條件、最終目的搞得明明白白，瞭解已知條件的涵義，把已知條件轉化到數學概念、公式定理的形態，這是解題的第一步。

但是，有些同學在解題時往往連題目條件都還沒看清楚，對題目各條件如何轉化到數學概念、公式定理還沒有弄明白，甚至有時連某些已知條件都丟在一邊不考慮，就埋頭解題，往往就會碰壁。有時碰巧弄出答案，但卻因為不符合題目要求，而白花力氣。

例如列方程式解應用題，是中學數學學習中一個難點，突破的第一步驟就是反覆看題，認真審題，真正做到正確領會題意，準確地把題目中有關量進行轉化，用代數式表示它們，然後根據題目中未用過的直接等量關係或間接等量關係來列方程式。

example 1

某機械廠生產車床 360 台，原計劃若干天完成，由於進行了技術革新，實際每天比原計劃多生產 12 台，結果比原計劃提前 8 天完成任務，問實際每天生產多少台車床？

解 答

【解法 1：直接選元】

假設實際每天可生產 x 台車床，則原計劃每天可生產（$x - 12$）台車床。由已知總生產台數 360，可表示出時間：

實際生產時間 $\dfrac{360}{x}$ 天，計劃生產時間 $\dfrac{360}{x - 12}$

從時間上找等量關係：$\dfrac{360}{x - 12} - \dfrac{360}{x} = 8$

整理得 $x^2 - 12x - 540 = 0 \Rightarrow$ 解得 $x_1 = 30$，$x_2 = -18$

經檢驗都是方程式的根，但負根不合題意。

故實際每天生產車床 30 台

【解法 2：間接選元】

設實際生產 x 天，則原計劃生產（$x + 8$）天。已知總生產台數 360 台，可知每天生產台數：

實際每天生產 $\dfrac{360}{x}$ 台，原計劃每天生產 $\dfrac{360}{x + 8}$ 台

從每天生產的台數上找等量關係：

$\dfrac{360}{x} - \dfrac{360}{x + 8} = 12$

整理得 $x^2 + 8x - 240 = 0 \Rightarrow$ 解得 $x_1 = 12$，$x_2 = -20$

經檢驗都是方程式的根，但負值不合題意。

故每天生產台數 $= \dfrac{360}{12} = 30$ 台

2-2 運用已知條件，尋求解題途徑

　　數學題目中的已知條件是轉化的基本因素，數學概念、公式、定理是轉化的根據，解題技巧則是轉化的手段。既然已知條件是解題的根本所在，那麼解題時必須從始至終緊扣已知條件，由條件打開思路，由條件啟示方法，由條件逐步推演，這樣才有可能順利地得到解答。如果離開已知條件去考慮問題，必將處處碰壁，陷入困境。同學們都有這樣的感受：如果題目中已知條件都用上了，用對了，問題中的矛盾就會一個個迎刃而解。反之，不在題目條件上找出路，離開條件去亂碰，就會左右碰壁。若已知條件沒有完全用，有的用，有的不用，則會陷入推不出解答的困境；若已知條件運用不當，則會發生推出去又推回來的「循環論證」。

⊙ example 2

在 $\triangle ABC$ 中，$\overline{BC} = \dfrac{1}{2}\overline{AB}$，$\angle B = 2\angle A$，求證 $\triangle ABC$ 為直角三角形。

擎天小語

有些同學這樣證：

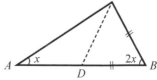

設 $\angle A = x$，$\angle B = 2x$，又 D 為 $\overline{AB}$ 中點，$\overline{BC} = \overline{BD}$，

則 $\triangle BCD$ 為等腰三角形。

$\therefore\ \angle BCD = \angle BDC = \dfrac{180° - 2x}{2} = 90° - x$

$\angle ACD = \angle BDC - \angle A = (90° - x) - x = 90° - 2x$

這樣 $\angle C = \angle ACD + \angle BCD = 180° - 3x$

再從 $\angle C = 180° - (\angle A + \angle B) = 180° - 3x$，…

不論怎樣反覆推算，總推不出 $\angle C = 90°$。為什麼會造成這樣的結局呢？是推理不對，還是計算有誤？都不是。仔細研究，原來問題出在沒有徹底使用已知條件 $\overline{BC} = \dfrac{1}{2}\overline{AB}$，只用了 $\overline{BC} = \overline{BD}$，而未用 $\overline{BD} = \overline{DA}$。

解答

作 $\angle B$ 平分線交 $\overline{AC}$ 於 E，$\angle ABE = \angle A$，$\triangle ABE$ 為等腰三角形，又 D 為 $\overline{AB}$ 中點（$\overline{BD} = \overline{DA}$），連 $\overline{ED}$，$\angle BDE = 90°$，又 $\overline{BC} = \overline{BD}$，$\overline{BE} = \overline{BE}$，$\angle EBC = \angle ABE$

$\therefore \triangle BCE \cong \triangle BDE$

$\therefore \angle C = 90°$

example 3

$\triangle ABC$ 中，$\angle A$ 平分線交 $\overline{BC}$ 於 D 點，過 A 點作一圓切 $\overline{BC}$ 於 D 點，交 $\overline{AB}$、$\overline{AC}$ 於 E、F，求證：$\overline{EF}\,/\!/\,\overline{BC}$。

解答

題目中給了已知 $\angle A$ 的平分線這一條件。一般來講給出三角形一個角的平分線，就相當於(1)給出一對等

角；(2)給出一組比例線段；(3)給出一組等距線段。

【證法1：利用等角關係】

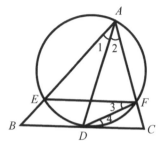

要證明 $\overline{EF}\,/\!/\,\overline{BC}$，需證 $\angle 3 = \angle 4$，即從角下手。由條件 $\angle A$ 的平分線 $\overline{AD}$ 給出等角 $\angle 1 = \angle 2$，$\angle 3 = \angle 1$，則 $\angle 2 = \angle 3$。又由條件 D 為切點，$\overline{DC}$ 為切線，弦切角 $\angle 4 = \angle 2$，故 $\angle 3 = \angle 4$。

$\therefore \overline{EF}\,/\!/\,\overline{BC}$

【證法2：利用比例線段】

欲證 $\overline{EF}\,/\!/\,\overline{BC}$，需證 $\dfrac{\overline{AE}}{\overline{AF}} = \dfrac{\overline{AB}}{\overline{AC}}$，即從邊下手。由條件 $\angle A$ 的平分線 $\overline{AD}$ 給出一組比例線段 $\dfrac{\overline{AB}}{\overline{AC}} = \dfrac{\overline{BD}}{\overline{DC}}$。又由 D 為切點，$\overline{BD}$、$\overline{DC}$ 為切線得 $\overline{BD}^2 = \overline{BE}\cdot\overline{AB}$，$\overline{CD}^2 = \overline{CF}\cdot\overline{AC}$。

$\dfrac{\overline{BD}^2}{\overline{CD}^2} = \dfrac{\overline{BE}\cdot\overline{AB}}{\overline{CF}\cdot\overline{AC}}$，但 $\dfrac{\overline{BD}}{\overline{CD}} = \dfrac{\overline{AB}}{\overline{AC}} \Rightarrow \dfrac{\overline{BD}^2}{\overline{CD}^2} = \dfrac{\overline{AB}^2}{\overline{AC}^2}$

$\therefore \dfrac{\overline{BE}\cdot\overline{AB}}{\overline{CF}\cdot\overline{AC}} = \dfrac{\overline{AB}^2}{\overline{AC}^2}$，即 $\dfrac{\overline{BE}}{\overline{CF}} = \dfrac{\overline{AB}}{\overline{AC}}$

$\therefore \overline{EF}\,/\!/\,\overline{BC}$

≫ 2-3 運用分析法與綜合法解題

　　數學證明題就是找出已知與求證間的關係，同學們往往把已知與求證這一對矛盾的兩個側面對立起來，這是十分不利的。要證明一個等式或一個命題成立，可考慮等式兩邊互逆的可能性，或命題中條件與結論的互逆性，這樣就提供了一個探求思路的方法：即可預先假定求證的結論成立，從而去探求結論成立的原因。溯本求源一直可推出到結論成立，若推證步步可逆，則原結論得證。透過分析法逆推思路，再用綜合法順理敘述，這種由果導因，順藤摸瓜的分析方法，在解題中探索思維十分有用。

example 4

在直角 $\triangle ABC$ 中，斜邊 $\overline{BC}$ 上的高為 h，二股長分別為 b、c，求證：

$$\frac{1}{b^2} + \frac{1}{c^2} = \frac{1}{h^2} \circ$$

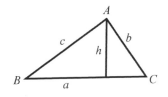

擎天小語

$$\frac{1}{b^2} + \frac{1}{c^2} = \frac{1}{h^2}$$

$$\Rightarrow \frac{b^2 + c^2}{b^2 c^2} = \frac{1}{h^2} \Rightarrow h^2 \left(b^2 + c^2 \right) = b^2 c^2$$

$$\Rightarrow h\sqrt{b^2 + c^2} = bc \Rightarrow h \cdot a = b \cdot c$$

此式顯然成立，且步步可逆，即得證法。

解答

在直角△ABC中

∵ $h \cdot a = b \cdot c$，即 $h\sqrt{b^2 + c^2} = b \cdot c$

上式平方得：$h^2 (b^2 + c^2) = b^2 c^2$，即 $\dfrac{b^2 + c^2}{b^2 c^2} = \dfrac{1}{h^2}$。

∴ $\dfrac{1}{b^2} + \dfrac{1}{c^2} = \dfrac{1}{h^2}$

2-4 養成嚴格推演，準確表達的好習慣

　　一道數學題經過轉化條件與分析探索後，有了解題思路，就必須步步嚴格推證，正式認真演算，確保思路的完成。同時還必須把解題的思維過程完整準確地表達出來，即進行解題的綜合敘述。

1. 數學題的解答敘述可以有所不同，但表達的基本要求是一致的，即敘述表達必須顧到格式規範，層次分明，符合邏輯，敘述簡潔。正確合理地進行數學表達絕不是一種形式，而是一項重要的數學能力的培養。同時透過正確的表達敘述，可使我們對數學基礎知識理解得更加有條理和清晰。有些同學很不重視解題的敘述，總是「畫一畫」，懶得認真書寫表達，長久下來，養成不良習慣，解答的過程就愈來愈表達不清，甚至解題只能寫幾個數學式子。由於不能把思維的程序清晰地寫出來，因而在做連續推演和修正錯誤時會造成很大的困難，這是不少同學學習數學的一大缺陷。要改正，就必須端正態度，嚴格要求，透過長期磨練，培養良好的習慣和完整正確的表達能力。數學題的解答敘述，有詳細有簡略，

對低年級同學或對新學習的「題型」要求詳細敘述，而對已熟悉的「題型」則可略敘，但基本要求是不變的：敘述時應養成整潔書寫的習慣，不胡抹亂畫。

2. 作圖要準確，不能草率。準確的圖形是轉換條件的直觀印象，我們往往可以借助準確的圖形發現許多重要的解題線索，如平面幾何、解析幾何中的平行、垂直、共點、共線、線段相等、夾角相等……。有時完全可以從圖上直觀地看出結果，為我們推理提供了非常準確豐富的材料。有些同學對作圖很不重視，潦潦草草畫個圖就開始推理論證，經常因為圖形失真而干擾思路，有時甚至完全導致錯覺，陷入歧途。還有的同學畫圖不看條件，憑空想像，像高二同學剛學習平面幾何時，不少人總是畫特殊圖形，如將三角形畫成等腰三角形或等邊三角形或直角三角形；將四邊形畫成矩形或正方形等，這樣就添加了限制條件，使推理失去一般性。

3. 在解題過程中廣泛地使用數學符號，可使敘述準確、明瞭、簡潔。可是，有些同學不重視理解和記憶所反應出的數學符號，也不會正確使用數學符號：如使用不等號時，就經常發現有些同學出現類似 $5 < x < 3$，$5 < x > 3$ 等錯誤。因此，我們必須瞭解數學符號的準確涵義，合理地使用以進行表達。如中學課本中對連續實數集的表達方式有三種：集合表示法、不等式表示法、區間表示法。解題中可針對問題特徵，恰當選用：

(1) 求函數 $y = \sqrt{3x - x^2}$ 的定義域。選用區間表示法：

$x \in [0,3]$。

(2)求函數 $y = \dfrac{\sqrt{x-1}}{x-2}$ 的定義域。選用不等式表示法：

$x \geq 1$，但 $x \neq 2$。

(3)求函數 $y = \sqrt{16-x^2} + \sqrt{\sin x}$ 的定義域。選用集合表示法：$x \in [-4, -\pi] \cup [0, \pi]$。

》》 2-5　檢查解題結果，提高解題品質

　　數學解題中的檢查驗算，包括分步檢查和最終檢查，是十分重要的。檢驗解題過程不僅能檢查結果正確與否，還能進一步深入思考題目的解法，從而彌補缺漏，改正差錯，有時還能發現更合理簡潔的解題方法。但是，不少同學沒有自覺檢查的習慣，做題時一口氣算到底，從不「回頭看」，最後發現錯了，再亂改一通，這是一個不好的習慣。

　　還有些同學解題時不是靠自己檢驗正確與否，而是喜歡幾個人在一起「對答案」，或是翻開參考書來「湊答案」，這些做法都是有害的。我們必須認識「檢查」在解題中的積極作用，養成自我檢驗的良好習慣，掌握各種檢查和驗算的方法，以確保解題品質，提高解題能力進而掌握得分。

》》 2-6　認真學好基礎知識，不斷總結摸索

　　數學概念是數學思維的依據，數學定理、公式是數學

論證的工具，一切的分析、判斷和推理都要依據概念公式，運用定理。只有透徹理解，靈活運用，才能掌握運算的技能技巧，才會有正確、合理、迅速的邏輯論證和空間想像。要提高解題能力，首先必須認真學好數學基礎知識——數學概念及公式、定理。目前同學們在學習中存在兩種傾向：一種是只急於如何解題，題目一到手就急於動手解題，「不注重」或「看不起」基礎知識的學習，沒有處理好學好基礎知識與提高解題效率和能力的關係，使其本末倒置；另一種是把概念、公式、定理看成僵化的條文，一味死記硬背，不理解其中的意涵，結果不能靈活運用來解決問題。其實造成這種傾向的原因都是因為基礎知識掌握得不牢固，數學方法運用不靈活所致，這是同學們解題能力不高的重要原因。

1. 切實學好數學概念的方法：

　(1)要真正理解數學概念的本質屬性。數學概念通常是採取定義的形式引入的，它是數和形的整體反映，給出了定義對象最本質的屬性。因此學習數學概念最重要的是必須正確地理解概念，真正弄清概念的內容、由來和作用。有些同學死記硬背名稱、定義等來掌握概念，而不注重理解，這樣就離開了最本質的東西，在應用中必然造成對概念的扭曲。

　(2)對相近的概念要嚴格類比區分。不同的數學概念所包含的屬性中，有時既有不同的因素，有時又有共同的因素，所以我們既要注意之間的聯繫，又必須明確區

分差異。透過比較和鑑別，澄清糊塗概念，更深刻清晰地理解概念，運用概念。

2. 切實學好數學定理、公式的方法：

(1)明確定理、公式的條件、結論及應用範圍，掌握推導過程。正確熟練地應用定理、公式，明瞭其成立條件，牢記結論，主要作用及適用範圍。做到應用公式時心中有數、有目標。如三垂線定理及其逆定理，是立體幾何中常用的一條重要定理，因為它揭示了三條線——正面的斜線、斜線的射影、平面內一直線之間的內在聯繫，它為我們研究空間兩直線的垂直關係提供了依據和方法。學習三垂線定理必須做到：

①明確定理是研究哪三條直線的垂直關係，它的作用是處理兩直線的垂直關係。

②三垂線定理的條件中，並沒有要求直線一定過垂足，即直線不論是否過垂足，結論一樣成立，同時必須掌握定理的證法。

③嚴格區分三垂線定理及其逆定理，避免正逆不分，亂套亂用。

(2)正確靈活地理解公式、定理。數學公式、定理不是僵化的式子和條文，而是現實世界中數量關係和空間形式的關係。因此，我們必須靈活地理解公式、定理，才能把知識學活。死記硬背、生搬硬套是掌握不好的。

 *example* **5**

設 α、β 是銳角，且 $\cos a = \dfrac{1}{7}$，$\cos(\alpha+\beta) = -\dfrac{11}{14}$，求 $\cos\beta$。

擎天小語

呆板地由 $\cos\alpha = \dfrac{1}{7}$ 求出 $\sin\alpha$，用 $\sqrt{1-\cos^2\beta}$ 代替 $\sin\beta$，使用和角公式：$\cos(\alpha+\beta) = \cos\alpha \cdot \cos\beta - \sin\alpha \cdot \sin\beta$，過程較繁複；若靈活理解 $\beta = (\alpha+\beta)-\alpha$ 則本題馬上迎刃而解。

解答

$$\cos\beta = \cos[(\alpha+\beta)-\alpha]$$
$$= \cos(\alpha+\beta) \cdot \cos\alpha + \sin(\alpha+\beta) \cdot \sin\alpha$$
$$\sin(\alpha+\beta) = \sqrt{1-\cos^2(\alpha+\beta)} = \sqrt{1-(-\frac{11}{14})^2}$$
$$= \frac{5\sqrt{3}}{14} \quad (\because 0° < \alpha+\beta < 180°)$$
$$\sin\alpha = \sqrt{1-\cos^2\alpha} = \sqrt{1-(\frac{1}{7})^2} = \frac{4\sqrt{3}}{7}$$
$$\therefore \cos\beta = (-\frac{11}{14}) \times \frac{1}{7} + \frac{5\sqrt{3}}{14} \times \frac{4\sqrt{3}}{7} = \frac{1}{2}$$

(3)瞭解公式、定理的應用規律。學習定理、公式，每學完一段就要進行總結，使公式、定理條理化、系統化，強化記憶。藉此瞭解公式、定理在應用中的規律，力求對公式、定理瞭若指掌，這樣在應用時才會心中有數，得心應手。

example 6

求 $\sin 47° + \sin 61° - \sin 11° - \sin 25° - \cos 7°$ 的值。

擎天小語

題目中沒有特殊角的值，也不能查表，乍看起來似乎很難計算。但只要總結和差化積、倍半角公式和互為餘角關係公式的經驗，就可輕而易舉地解答。

解答

$$原式 = 2\sin 54° \cos 7° - 2\sin 18° \cdot \cos 7° - \cos 7°$$
$$= 2\cos 7° (\sin 54° - \sin 18°) - \cos 7°$$
$$= 2\cos 7° \cdot 2\cos 36° \cdot \sin 18° - \cos 7°$$
$$= 2\cos 7° \cdot \frac{\cos 36° \cdot 2\sin 18° \cdot \cos 18°}{\cos 18°} - \cos 7°$$
$$= \cos 7° \cdot \frac{\sin 72°}{\cos 18°} - \cos 7°$$
$$= \cos 7° \cdot \frac{\cos 18°}{\cos 18°} - \cos 7° = 0$$

≫ 2-7 苦練運算技能，掌握過人本領

1. 運算能力是解題的基本功：

解題中探求思路是制定解題的方案、步驟，這固然重要，而運算則是這些方案、步驟得以實現的重要保證。思路再好，沒有良好的運算技能，解題能力也是無法提升。有些同學數學素質很好，思維能力也強，但運算過程容易出錯，嚴重干擾破壞了解題思路。往往思路完全

對，就是解不出答案，成績總是無法進步；而另有一些同學，數學素質雖一般，但基礎知識學得紮實，尤其是運算能力強，筆下功夫硬，只要思路對了，就一定能解出來，因此成績日益進步。這些事實告訴我們，千萬不要存有刻板印象，認為運算是「死功夫」，覺得沒有必要白花力氣，想要提高解題能力，必須提高運算能力。現階段同學們暴露出來的運算錯誤問題，剖析運算能力不高的原因主要有：

(1)對一些基本運算定律、運算法則不理解，運算過程沒有根據，有時甚至是憑想像去做。如：

① $\frac{1}{3} \div \frac{2}{5} \cdot \frac{3}{4} = \frac{1}{3} \div \frac{3}{10} = \frac{1}{3} \times \frac{10}{3} = \frac{10}{9}$

② $(\frac{4}{5})^2 \times \frac{1}{4} = \frac{1}{5^2} = \frac{1}{25}$

③ $\sqrt{\frac{4}{9}} \times \frac{1}{2} = \frac{\sqrt{2}}{3}$

上述運算結果全錯，原因在於對「運算順序」搞不清。不同級運算應先高級再低級；同級運算則按先後順序進行，上述運算違反這一基本原則。又如：$a^3 \cdot a^2 = a^6$，$a^6 \div a^3 = a^2$，$(a^3)^2 = a^5$ 等，答案也是全錯，錯在對於冪的運算法則沒有真正理解，國一時沒有學好，之後又一直沒有補上，因此凡是碰到此類運算就出錯。要根除這些錯誤，就必須真正理解「冪的運算法則」並下功夫。

(2)對運算能力的訓練不嚴格、不刻苦，只滿足於「會算」就行，沒有按運算的四點基本要求——合理、準

確、熟練、簡潔，一絲不苟地嚴格訓練。有的同學對一些基本運算，一次錯，兩次錯，一直錯下去，沒有下決心把錯誤改正。

2. **學習運算的法則、公式，應自覺摸索規律：**

如二次不等式的解法應用非常廣泛，大家都知道這十分重要，然而同學們在解題時，常常因解二次不等式不過關而失去分數。不少同學只是呆板地按課本上的方法把二次不等式化為兩個一次不等式組去解，既繁瑣且易錯。有的同學透過實踐，對二次不等式的解法真正理解後，摸索出既快又準的解法是「要解二次不等式，首先變為標準式，大於解的在二根外，小於解的在二根間」。

如：$2x^2 - x - 3 > 0 \Rightarrow (2x - 3)(x + 1) > 0$

$\therefore x > \dfrac{3}{2}$ 或 $x < -1$

又如：$x + 3 - 2x^2 > 0 \Rightarrow 2x^2 - x - 3 < 0$

$\therefore -1 < x < \dfrac{3}{2}$

3. **運算能力的提高，必須立足於「練」：**

初學時集中練，發現漏洞突擊練，應用當中綜合練。對公式應用等常用的基本運算必須完全過關，做到準確、合理、熟練、簡潔。一發現自己在某方面有缺陷，必須集中時間回頭重練一遍，把漏洞迅速補好。

Ch3

突破飆高分
─ 破題綜合策略與招式 ─

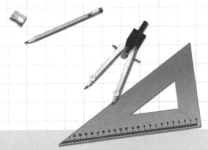

對於千變萬化的數學題，解題時是沒有一把現成的萬能鑰匙，也沒有一個既定的規律可循，但是從結論出發緊扣已知條件，進行富有創造性的獨立思考，並靈活應用已掌握的解題知識和技能，積累解題經驗，不斷探索各種題型的解題思路、方法和技巧，形成自己獨特的解題藝術。

≫ 3-1 待定係數法

在某些數學問題中，為了求得題目的解答，先判斷所求結果的結構具有某種特定的形式，儘管其中仍有一些關鍵的係數還不明確，但可以透過給定的已知條件來確定它們，最終求得解答，這種解題方法叫做待定係數法。其中待確定的係數叫待定係數，在分解因式、恆等變形、求方程的根、確定未知函數和解析幾何解題中廣泛應用。

☀ example 1

已知 $\dfrac{4x+1}{(x-2)(x-5)} = \dfrac{A}{x-5} + \dfrac{B}{x-2}$，試求 A、B 的值。

擎天小語

求上式的特定係數 A、B 通常有兩種方法：一種是把恆等式右邊的分式通分相加，然後比較恆等式兩邊分子多項式的對應係數，即可求得 A、B，課本就是用這種方法求解，但通常較繁複；另一種方法是代值法，即根據恆等式的定義，對任意一個 $x \neq 5$，$x \neq 2$ 的 x 值代入恆等式兩邊所得的值必相等。這樣可選兩個不是 2、5 的特殊值代入恆等式兩邊，得到關於 A、B 的兩個一次方程式，聯立求解即得 A、B 的值。

解答

以 $x = 0$ 與 $x = 1$ 代入恆等式兩邊，得方程組：

$$\begin{cases} \dfrac{1}{10} = -\dfrac{A}{5} - \dfrac{B}{2} \\ \dfrac{5}{4} = -\dfrac{A}{4} - B \end{cases}$$

解得 $\begin{cases} A = 7 \\ B = -3 \end{cases}$

example 2

已知多項式 $x^3 + bx^2 + cx + d$ 的係數都是整數，並且 $bd + cd$ 是奇數。證明：這個多項式不能分解為兩個整係數多項式的乘積。

擎天小語

要證不能分解，通常考慮用反證法，即假設它能分解為兩個整係數多項式的乘積而導出矛盾。由已知條件「$bd + cd$ 是奇數」，所以我們可期望從多項式已知係數的奇偶性討論中引出矛盾。

解答

由已知：$bd + cd = (b + c)d$ 是奇數，則 $b + c$ 與 d 都是奇數，於是 b、c 兩數有兩種情形：b 偶 c 奇或 b 奇 c 偶。

(1) b 是偶數，c、d 是奇數：因已知多項式是三次式，若能分解成兩個整係數多項式的乘積，便有一個一次因式，又 x^3 係數是 1，故可設 $x^3 + bx^2 + cx + d = (x + p)(x^2 + qx + r)$，其中 p、q、r 都是整數。比較兩邊的對應係數得：

$pr = d$ 是奇數……①

$pq + r = c$ 是奇數……②

$p + q = b$ 是偶數……③

p、q、r 雖然都是待定係數，但不必求出它們，只要從上面三式分析得出矛盾就可以。由①知 p、r 都是奇數，由②式知 q 必是偶數，這樣③便是一個矛盾的式子。

(2) c 是偶數，b、d 是奇數的情況亦可依(1)的方法推出矛盾。

所以，已知的多項式不能分解為整係數多項式的積。

3-2 換元法

在解題中為了化繁為簡，化難為易，促使未知轉化為已知，利用把某個式子看成一個新的未知數，實行變量替換的辦法稱為換元法。換元法在分解因式、解方程式（組）、解不等式（組）中的化高次為低次、分式化整式、無理式化有理式等方面作用很大。

example 3

解方程組：
$$\begin{cases} \dfrac{2}{x-1} + \dfrac{5}{y-2} = 1 \\ \dfrac{1}{x-1} + \dfrac{3}{y-2} = 1 \end{cases}$$

擎天小語

若把 $\dfrac{1}{x-1}$ 看作 u，$\dfrac{1}{y-2}$ 看作 v，則原聯立方程組變

CH3 突破飆高分 | 35

成 $\begin{cases} 2u + 5v = 1 \\ u + 3v = 1 \end{cases}$

由這個方程組解出 u、v 後，再由方程組

$$\begin{cases} u = \dfrac{1}{x-1} \\ v = \dfrac{1}{y-2} \end{cases}$$

可迅速解出 x 和 y。

解答

設 $\dfrac{1}{x-1} = u$、$\dfrac{1}{y-2} = v$ 代入原式

$\Rightarrow \begin{cases} 2u + 5v = 1 \cdots\cdots ① \\ u + 3v = 1 \cdots\cdots ② \end{cases}$

$2 \times ② - ①：v = 1$，代回①可得 $u = -2$

$\therefore \begin{cases} -2 = \dfrac{1}{x-1} \\ 1 = \dfrac{1}{y-2} \end{cases} \Rightarrow \begin{cases} x = \dfrac{1}{2} \\ y = 3 \end{cases}$

 *example* 4

解方程式：$5x^2 + x - x\sqrt{5x^2 - 1} - 2 = 0$

擎天小語

顯然，本題解題關鍵在於如何把方程式左端分解因式。根據其形式上的特點，可試把 $(5x^2 - 1)$ 看作一個新變量，把左邊適當變形得：

$[(5x^2 - 1) - 1] + x - x\sqrt{5x^2 - 1} = 0$

由此已能看到把 $(5x^2 - 1)$ 當作新變量的想法，對左

邊的分解因式是很有幫助的，接著再把 $\sqrt{5x^2-1}$ 當作一個新變量，繼續變形得：

$[(5x^2-1)-1]-(\sqrt{5x^2-1}-1)x=0$

$(\sqrt{5x^2-1}-1)(\sqrt{5x^2-1}+1)-(\sqrt{5x^2-1}-1)x=0$

最後再把 $\sqrt{5x^2-1}-1$ 當作一個新變量，得

$(\sqrt{5x^2-1}-1)(\sqrt{5x^2-1}+1-x)=0$

再繼續解下去答案呼之欲出。

解答

$5x^2+x-x\sqrt{5x^2-1}-2=0$

$\Rightarrow [(5x^2-1)-1]-(\sqrt{5x^2-1}-1)x=0$

$\Rightarrow (\sqrt{5x^2-1}-1)(\sqrt{5x^2-1}+1)-(\sqrt{5x^2-1}-1)x=0$

$\Rightarrow (\sqrt{5x^2-1}-1)(\sqrt{5x^2-1}+1-x)=0$

$\Rightarrow (\sqrt{5x^2-1}-1)=0$ 或 $(\sqrt{5x^2-1}+1-x)=0$

$\Rightarrow \begin{cases} \sqrt{5x^2-1}=1 \\ \sqrt{5x^2-1}=x-1 \end{cases}$

$\Rightarrow \begin{cases} 5x^2-1=1 \\ 5x^2-1=x^2-2x+1 \end{cases}$

$\therefore x=\pm\dfrac{\sqrt{10}}{5}$ 或 -1 或 $\dfrac{1}{2}$

3-3 消去法

在已知中出現的某些量，而在所求式子中不再出現這些量時，一般用消去法得出解題結果。

example 5

若 $\sin x$ 是 $\sin A$ 與 $\cos A$ 的等差中項，$\sin y$ 是 $\sin A$ 與 $\cos A$ 的等比中項，求證：$2\cos 2x = \cos 2y$。

擎天小語

$\sin A$ 與 $\cos A$ 在已知條件中有，在求證式子中不再出現這些量，要想辦法消去這些量。

解答

由已知條件 $\begin{cases} 2\sin x = \sin A + \cos A\cdots\cdots① \\ \sin^2 y = \sin A\cos A\cdots\cdots② \end{cases}$

將①式平方減去②式的兩倍得

$4\sin^2 x - 2\sin^2 y = \sin^2 A + \cos^2 A = 1$

上式已消去 $\sin A$ 和 $\cos A$，再對 $\sin^2 x$ 與 $\sin^2 y$ 使用倍角公式可得

$4\sin^2 x - 2\sin^2 y = 2(1 - \cos 2x) - (1 - \cos 2y)$

$\qquad\qquad\qquad = 1 - 2\cos 2x + \cos 2y = 1$

$\therefore 2\cos 2x = \cos 2y$

3-4 配方法

在解題過程中，把已知式子配成乘法及因式分解公式中的某些公式形式，得出解題結果的方法叫配方法。配方法在因式分解、解方程式、二次函數、不等式的證明及化簡中作用很大。

example 6

因式分解：$x^3 - 9ax^2 + 27a^2x - 26a^3$

解答

已知式子符號正負相間，x 按降冪，a 按升冪排列，

可考慮把它配成公式 $(a - b)^3$ 形式，即

$x^3 - 9ax^2 + 27a^2x - 26a^3 = (x - 3a)^3 + a^3$

然後再用立方和公式

$A^3 + B^3 = (A + B)(A^2 - AB + B^2)$

分解即得原式 $= (x - 2a)(x^2 - 7ax + 13a^2)$

example 7

化簡：$\sqrt{5 + 12\sqrt{3 + 2\sqrt{2}}}$

擎天小語

雙重根號：$\sqrt{(a + b) \pm 2\sqrt{ab}} = \sqrt{a} \pm \sqrt{b}$

解答

先將已知式子中 $3 + 2\sqrt{2}$ 配方為 $(\sqrt{2} + 1)^2$

得原式 $= \sqrt{5 + 12\sqrt{(\sqrt{2} + 1)^2}}$

$= \sqrt{17 + 12\sqrt{2}}$

然後再將 $17 + 12\sqrt{2}$ 配方為 $(3 + 2\sqrt{2})^2$

可得出原式 $= \sqrt{(3 + 2\sqrt{2})^2}$

$= 3 + 2\sqrt{2}$

3-5 判別式法

利用一元二次方程式 $ax^2 + bx + c = 0$ 的判別式 $\Delta = b^2 - 4ac$ 進行解題的方法,稱為判別式法,用判別式法可以解實係數一元二次方程式有沒有實根,以及判斷實根是否相等、二次函數的極值及有關問題。(要注意未知數的取值範圍)

example 8

試求二次曲線 $2x^2 - 2xy + y^2 - 6x - 4y + 27 = 0$ 中 x、y 的變化範圍,及曲線的最高點和最低點坐標。

擎天小語

要把上述二次曲線先看成是某個未知數的一元二次方程式後,才有可能使用判別式解題:先把 x 看成是未知數,把上述二次曲線變成為 x 的一元二次方程式,使用判別式 $\Delta \geq 0$,可解出 y 的變化範圍;然後把 y 看成是未知數,把上述二次曲線變成為 y 的一元二次方程式,使用判別式 $\Delta \geq 0$,可解出 x 的變化範圍。

解答

(1)將原方程式變換為 x 的一元二次方程式:

$2x^2 - (2y + 6)x + (y^2 - 4y + 27) = 0$

判別式:$\Delta = 4(y + 3)^2 - 8(y^2 - 4y + 27) \geq 0$

解出:$5 \leq y \leq 9$

(2)將原方程式變換為 y 的一元二次方程式:

$$y^2 - (2x+4)y + (2x^2 - 6x + 27) = 0$$

判別式：$\Delta = 4(x+2)^2 - 4(2x^2 - 6x + 27) \geq 0$

解出：$5 - \sqrt{2} \leq x \leq 5 + \sqrt{2}$

(3)$\because 5 \leq y \leq 9$

用 $y = 9$ 代入上述二次曲線，解出 $x = 6$。

用 $y = 5$ 代入上述二次曲線，解出 $x = 4$。

因此可得出上述二次曲線的最高、最低點的坐標分別為（6，9）和（4，5）。

▶▶ 3-6　拆併項法

根據題目的特點，把其中的某些項拆成若干項，或把題目中的若干項合併成新的一項進行解題的方法，叫拆併項法。拆併項法在因式分解、化簡、解方程式及證明題中經常使用。

example　9

解方程式：$\dfrac{x+1}{x+2} + \dfrac{x+6}{x+7} = \dfrac{x+2}{x+3} + \dfrac{x+5}{x+6}$

解答

上述分式方程式看樣子挺複雜，但它有明顯特點：各項的分子都比分母小 1，先考慮把各項拆成兩個項得

$$\left(1 - \frac{1}{x+2}\right) + \left(1 - \frac{1}{x+7}\right)$$
$$= \left(1 - \frac{1}{x+3}\right) + \left(1 - \frac{1}{x+6}\right)$$

整理後得

$$\frac{1}{x+2}+\frac{1}{x+7}=\frac{1}{x+3}+\frac{1}{x+6}$$

上式難於求解，把它移項變形為

$$\frac{1}{x+2}-\frac{1}{x+3}=\frac{1}{x+6}-\frac{1}{x+7}$$

$$\Rightarrow \frac{1}{(x+2)(x+3)}=\frac{1}{(x+6)(x+7)}$$

利用上述等式的分子相等，其分母也應相等的特點，

可得 $(x+2)(x+3)=(x+6)(x+7)$

$\Rightarrow$ 解出 $x=-4.5$。

3-7 分母（分子）有理化法

在已知式子的分母（或分子）含無理式時，可用分母（或分子）有理化法解題。分母（或分子）有理化法在證明等式、解方程式和化簡中經常使用。

example 10

$a_1, a_2, \cdots, a_n$ 成等差數列，求證：

$$\frac{1}{\sqrt{a_1}+\sqrt{a_2}}+\frac{1}{\sqrt{a_2}+\sqrt{a_3}}+\cdots+\frac{1}{\sqrt{a_{n-1}}+\sqrt{a_n}}=\frac{n-1}{\sqrt{a_1}+\sqrt{a_n}}$$

解 答

上述式子中的各項分母都是無理式，等式左邊先進行

分母有理化，則得 $=\dfrac{\sqrt{a_1}-\sqrt{a_2}}{a_1-a_2}+\dfrac{\sqrt{a_2}-\sqrt{a_3}}{a_2-a_3}+\cdots$

$$+\frac{\sqrt{a_{n-1}}-\sqrt{a_n}}{a_{n-1}-a_n}$$

由已知條件 $a_1, a_2, \cdots, a_n$ 成等差數列，因此：

$a_1 - a_2 = a_2 - a_3 = \cdots = a_{n-1} - a_n = -d$

$a_1 - a_n = -(n-1)d$

$\therefore$ 等式左邊 $= -\dfrac{1}{d}[(\sqrt{a_1} - \sqrt{a_2}) + (\sqrt{a_2} - \sqrt{a_3}) + \cdots$

$$+ (\sqrt{a_{n-1}} - \sqrt{a_n})] = \frac{\sqrt{a_1} - \sqrt{a_n}}{d}$$

上式右邊進行分子有理化

得等式左邊 $= -\dfrac{a_1 - a_n}{d(\sqrt{a_1} + \sqrt{a_n})} = -\dfrac{-(n-1)d}{d(\sqrt{a_1} + \sqrt{a_n})}$

$$= \frac{n-1}{\sqrt{a_1} + \sqrt{a_n}} = 等式右邊，得證。$$

》》3-8 輔助元素法

在數學解題過程中，從題設條件之外引進作為媒介物的數學對象，稱為輔助元素。初級幾何中的輔助線，初級代數中的輔助未知數，解析幾何中的輔助參數等都是普通的輔助元素。在解題過程中透過設輔助元素進行解題的方法，叫輔助元素法。在很多情況下，題設與答案之間的聯繫並不那麼明顯，此時就應考慮引進輔助元素來溝通已知與未知的聯繫，輔助元素法在中學數學中被廣泛應用。

example 11

在 $\triangle ABC$ 的 $\overline{AC}$ 邊上任取一點 D，延長 $\overline{CB}$ 到 E，使得 $\overline{BE} = \overline{AD}$，連接 $\overline{ED}$ 交 $\overline{AB}$ 於 F 點。求證：

$\overline{EF} : \overline{FD} = \overline{AC} : \overline{BC}$

解 答

本例求線段成比例，但已
知條件中不存在平行線，
若要利用相似三角形邊長
成比例條件，需加輔助
線。由題目所求 $\overline{EF}:\overline{FD}$

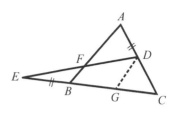

提示我們，若由 D 引 $\overline{DG}\,/\!/\,\overline{AB}$，則可得成比例線段
$\overline{EF}:\overline{DF}=\overline{EB}:\overline{BG}$。又由 $\overline{BE}=\overline{AD}$，可得 $\overline{EF}:\overline{DF}=$
$\overline{AD}:\overline{BG}$。

由 $\overline{DG}\,/\!/\,\overline{AB}$，則 $\overline{AD}:\overline{BG}=\overline{AC}:\overline{BC}$，因此 $\overline{EF}:\overline{DF}=$
$\overline{AC}:\overline{BC}$。

example 12

含銅百分率不同的兩塊合金，其重量分別為 m 公斤與
n 公斤。現從兩塊合金上各切下重量相等的一塊，並
把切下的每塊與另一塊合金剩下的那塊合在一起熔
煉，熔煉後二者的含銅百分率相同。問切下的每塊重
多少公斤？

解 答

可先假設切下的合金每塊重 x 公斤。但本題的困難在
於不知道兩塊合金含銅的百分率，如果知道每塊合金
含銅的百分率，則問題就歸結為解簡單的一元一次方
程式。為了減少困難，不妨暫且先設第一塊合金含銅

$a\%$，第二塊合金含銅 $b\%$，且 $a \neq b$，則由題意可得

方程式 $\dfrac{a(m-x)+bx}{m} = \dfrac{b(n-x)+ax}{n}$

整理後可得 $(a-b)(m+n)x = (a-b)m \cdot n$

由題目已知條件 $a \neq b$，$m+n > 0$

因此可解得 $x = \dfrac{mn}{m+n}$

可見所設每塊合金含銅的百分率，事實上與所得答案無關。然而，透過所設每塊合金含銅的百分率這個輔助元素，我們就很快求出了切下的每塊合金重 $\dfrac{mn}{m+n}$ 公斤。

▶▶ 3-9 ◀ 枚舉法

根據問題的要求，一一列舉問題的解答，或者為了解決問題的方便，把問題分為不重複、不遺漏的有限情況，再一一列舉加以解決，最終達到解決整個問題的目的，這種分析、解決問題的辦法叫做枚舉法。

example 13

已知 $xyz = 6$，求所有正整數解。

擎天小語

本題的解答顯然不是唯一的。由於 $xyz = 6$，而且 x、y、z 都應是正整數而得知：x、y、z 只能取 1、2、3、6 中的某一個數。因此，可用枚舉法求解。使用枚

舉法求解時，先分別固定 $x = 1$，2，3，6 中的某一個數，然後討論每種情況下 yz 的值，再固定 yz 中 y 的可能取值，就可得出 z 應取的值，從而使問題獲解。

解答

$$x = \begin{cases} 1 \ (\Rightarrow yz = 6) \begin{cases} y = 1 \text{，} z = 6 \\ y = 2 \text{，} z = 3 \\ y = 3 \text{，} z = 2 \\ y = 6 \text{，} z = 1 \end{cases} \\ 2 \ (\Rightarrow yz = 3) \begin{cases} y = 1 \text{，} z = 3 \\ y = 3 \text{，} z = 1 \end{cases} \\ 3 \ (\Rightarrow yz = 2) \begin{cases} y = 1 \text{，} z = 2 \\ y = 2 \text{，} z = 1 \end{cases} \\ 6 \ (\Rightarrow yz = 1) \rightarrow y = 1 \text{，} z = 1 \end{cases}$$

得解 $x = 1$，$y = 1$，$z = 6$

$x = 1$，$y = 2$，$z = 3$

$x = 1$，$y = 3$，$z = 2$

$x = 1$，$y = 6$，$z = 1$

$x = 2$，$y = 1$，$z = 3$

$x = 2$，$y = 3$，$z = 1$

$x = 3$，$y = 1$，$z = 2$

$x = 3$，$y = 2$，$z = 1$

$x = 6$，$y = 1$，$z = 1$

example 14

從 1 到 100 的一百個自然數中，每次取出兩個數，使其和大於 100，試問有多少種取法？

擎天小語

從 1 到 100 這一百個自然數中，每次取出兩個數，其中必有一個較小；並且取定一數之後，它與其餘各數搭配，使相加之和超過 100 的不難一一列舉。因此，先考慮依次列舉較小的數，再考慮與之搭配相加之和大於 100 的較大的數之所有情況來進行討論。

解答

較小的數為 1，只有一種取法，即 { 1，100 }；

較小的數為 2，只有兩種取法，即 { 2，99 }，{ 2，100 }；

$\vdots$

較小的數是 50，有五十種取法，即 { 50，51 }，{ 50，52 }，$\cdots$，{ 50，100 }

$\vdots$

較小的數是 51，有四十九種取法，即 { 51，52 }，{ 51，53 }，$\cdots$，{ 51，100 }

$\vdots$

較小的數是 99，只有一種取法，即 { 99，100 }。

所以共有取法 $1 + 2 + \cdots + 49 + 50 + 49 + 48 + \cdots + 2 + 1 = 2\left[\dfrac{49\,(49 + 1)}{2}\right] + 50 = 2500$ 種不同的取法。

example **15**

求不定方程式 $3x^2 - 4xy + 3y^2 = 35$ 的整數解。

擎天小語

上述不定方程式對 x、y 來說是對稱的，只要能限定 x（或 y）所能夠取的整數值，再來討論 y（或 x）有無整數解就成了。但上述不定方程式左邊有正負項，給討論帶來困難，為克服這一困難，先在不定方程式兩邊乘以 3 得 $9x^2 - 12xy + 9y^2 = 105$

可把它配方成 $(3x - 2y)^2 + 5y^2 = 105$

由於 $(3x - 2y^2) \geq 0$

$\therefore 5y^2 \leq 105 \Rightarrow y^2 \leq 21 \Rightarrow |y| \leq 4$

注意到 y 是整數，所以 y 的取值只有 0、±1、±2、±3、±4 這幾種可能。又因原不定方程式左邊是 x、y 的偶函數，故可先討論 y 取 0、1、2、3、4 整數值時，x 有無整數解；y 取 -1、-2、-3、-4 值時，x 的整數解可由偶函數性質得到。

解答

對於不定方程式 $(3x - 2y)^2 = 105 - 5y^2$

(1)當 $y = 0$ 時：由上述方程式得 $(3x)^2 = 105$，無整數解。

(2)當 $y = 1$ 時：$(3x - 2)^2 = 100 - 5 \times 1^2 = 100$，得 x 的一個整數解為 4。

(3)當 $y = 2$ 時：$(3x - 4)^2 = 105 - 5 \times 2^2 = 85$，無整數解。

(4)當 $y = 3$ 時：$(3x - 6)^2 = 105 - 5 \times 3^2 = 60$，無整

數解。

(5)當 $y = 4$ 時：$(3x - 8)^2 = 105 - 5 \times 4^2 = 25$，得 x 的一個整數解為 $x = 1$。

故原不定方程有四組整數解，分別為

$$\begin{cases} x_1 = 4 \\ y_1 = 1 \end{cases}, \begin{cases} x_2 = 1 \\ y_2 = 4 \end{cases}, \begin{cases} x_3 = -4 \\ y_3 = -1 \end{cases}, \begin{cases} x_4 = -1 \\ y_4 = -4 \end{cases}$$

example 16

解方程式

$|x + 1| - |x| + 3|x - 1| - 2|x - 2| = x + 2$。

擎天小語

解這種含絕對值符號的方程式之關鍵，是要設法將絕對值符號去掉，但絕對值符號並不能隨便去掉，要考慮到原方程式中各個絕對值符號的零點，然後按不同的零點把數軸分成若干個區間來討論，在每個部分內，都可以根據 x 的取值情況把原方程中的絕對值符號去掉（這叫做零點區分法）。

解答

本方程式各項絕對值的零點分別為：$x = -1$，$x = 0$，$x = 1$，和 $x = 2$。故可把數軸分成五個部分：$x \geq 2$；$1 \leq x < 2$；$0 \leq x < 1$；$-1 \leq x < 0$ 和 $x < -1$。我們對各部分方程式的解分別討論如下：

(1)當 $x \geq 2$ 時：原方程式變為恆等式 $x + 2 = x + 2$，所以任何不小於 2 的實數都是原方程式的解。

(2)當 $1 \leq x < 2$ 時：解得 $x = 2$，與 x 的取值範圍矛盾，此時原方程式無解。

(3)當 $0 \leq x < 1$ 時：解得 $x = -1$，也與 x 的取值範圍矛盾，此時原方程式也無解。

(4)當 $-1 \leq x < 0$ 時：原方程式變為矛盾等式 $0 = 2$，此時原方程式仍無解。

(5)當 $x < -1$ 時：解得 $x = -2$ 是原方程式的一個解。

故原方程式的解集為 $\{ x \mid x \in R , x = -2 \text{ 或 } x \geq 2 \}$。

3-10 中途點法

如果我們遇到的問題，一時無法找到從已知條件直接到達結論的途徑，則可嘗試在已知條件與結論間設立若干個中途點，把原問題轉化為一些小問題。解決了這些小問題，原問題也就隨之解決了，這種處理問題的辦法稱為中途點法。

中途點法涉及變更問題思路，是一種重要但又較難掌握的方法，然而只要能找到合適的中途點，問題往往能迎刃而解，難就難在如何尋找合適的中途點。雖然尋找中途點沒有一般性的規律，但通常根據問題的條件，或順推，或倒推，或嘗試，或猜測等諸法，最終是可以找到對解題產生極大作用的中途點。中途點一般不止一個，只要看上去需要好多步才能解答的問題，就可試用此法。

example 17

某校師生參加挖渠勞動，原來安排 80 人挖土，52 人運土，後來情況發生變化，要求挖土人數是運土人數的 3 倍。那麼，需要從運土的人中調出多少人去挖土呢？

擎天小語

此為國中代數課本的一個例題，現在利用中途點法這樣想：如能求出情況變化之後運土人數是多少，那麼原運土人數 52 減去情況變化後運土人數，就可求出從運土的人中應調出的人數。

解答

由已知條件要求挖土人數是運土人數的 3 倍，即情況變化後的運土人數應為參加挖渠勞動總人數的 $\frac{1}{4}$，即為 $\frac{80 + 52}{4} = 33$（人）。

故需從原運土人數中調出 52 － 33 ＝ 19 人去挖土。

註 求出情況變化後的運土人數，就是本題的一個中途點。

example 18

求 sin9°的值。

擎天小語

要求 sin9°的值，看能否先設法求 sin18°的值，若 sin18°的值可以求出來，由半角公式立即可求 sin9°的值。

反覆使用中途點法即可使題目獲解。

解答

如何求sin18°的值？注意到$5 \times 18° = 90°$，而5又能表示為 $2 + 3$，因此利用二倍角與三倍角公式可求出sin18°的值。

由$5 \times 18° = 90°$可得$2 \times 18° = 90° - 3 \times 18°$，兩邊取正弦值就有

$$\sin (2 \times 18°) = \sin [90° - 3 \times 18°] = \cos (3 \times 18°)$$

由二倍角和三倍角公式可得：

$$2\sin18° \cdot \cos18° = 4\cos^3 18° - 3\cos18°$$

$\because \cos18° \neq 0$ $\therefore$上式兩邊同時除於$\cos18°$

得 $2\sin18° = 4\cos^2 18° - 3$

由 $\cos^2 18° = 1 - \sin^2 18°$

上式變形為 $4\sin^2 18° + 2\sin18° - 1 = 0$

這是關於sin18°的一元二次方程式，由於$\sin18° > 0$，

故由一元二次方程式解得 $\sin18° = \dfrac{1}{4}(\sqrt{5} - 1)$

由半角公式得

$$\sin9° = \sqrt{\dfrac{1}{2}(1 - \cos18°)} = \dfrac{1}{2}\sqrt{2 - 2\cos18°}$$

$$= \dfrac{1}{2}\sqrt{(1 + \sin18°) - 2\sqrt{1 - \sin^2 18°} + (1 - \sin18°)}$$

$$= \dfrac{1}{2}(\sqrt{1 + \sin18°} - \sqrt{1 - \sin18°})$$

$$= \dfrac{1}{4}(\sqrt{3 + \sqrt{5}} - \sqrt{5 - \sqrt{5}})$$

example 19

$\triangle ABC$ 內接於橢圓 $\dfrac{x^2}{a^2} + \dfrac{y^2}{b^2} = 1$，其底邊 $\overline{BC}$ 與長軸重合，頂點 A 在橢圓上運動，求 $\triangle ABC$ 重心 G 的軌跡。

擎天小語

由於重心 G 的運動規律一下子不容易看出，使用中途點法，嘗試透過 A 點的運動規律來找 G 點的運動規律，促成這種想法的原因在於重心 G 的運動依賴於頂點 A，而頂點 A 在橢圓上，所以透過 A 點的運動規律來找 G 點的運動規律。

解答

設 G 點的坐標為 (X, Y)

A 點的坐標為 (x, y)

因為 G 點內分中線 $\overline{AO}$ 成 $2:1$，故由定比分點公式得：

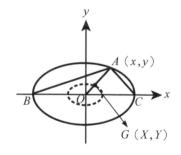

$X = \dfrac{x + 2 \times 0}{3}$

$Y = \dfrac{y + 2 \times 0}{3}$

$\therefore x = 3X$，$y = 3Y$，即 A 點的坐標可表為 $(3X, 3Y)$。

這樣就把 G 點的坐標轉移到了 A 點。

又點 A 在橢圓上，其坐標應滿足橢圓方程式，故有

$$\dfrac{(3X)^2}{a^2} + \dfrac{(3Y)^2}{b^2} = 1$$

變形後：$\dfrac{X^2}{(\frac{a}{3})^2} + \dfrac{Y^2}{(\frac{b}{3})^2} = 1$

上式是 G 點坐標 (X, Y) 所滿足的方程式。由此可知，所求重心 G 的軌跡是一個與原橢圓同中心的相似橢圓，其長、短軸分別為原橢圓長、短袖的 $\dfrac{1}{3}$。

example 20

$f(\sin\alpha) = 2\sin^5\alpha + 2\sin^4\alpha + \sin^3\alpha + 2\sin^2\alpha + \sin\alpha + 2$，求 $f(\dfrac{\sqrt{3}-1}{2})$ 的值。

擎天小語

本題的 $\sin\alpha$ 雖然是按降冪排列，但無論如何也配不成一條完整公式。如果直接將 $\sin\alpha = \dfrac{\sqrt{3}-1}{2}$ 代入 $f(\sin\alpha)$ 計算，又不勝其繁。現考慮建構一個以 $\sin\alpha = \dfrac{\sqrt{3}-1}{2}$ 為根的二次三項式 $g(\sin\alpha)$（三次或四次多項式都可以，但以計算量而論，二次三項式較簡潔）。然後用 $g(\sin\alpha)$ 去除 $f(\sin\alpha)$，可得一個商式 $q(\sin\alpha)$ 和一個餘式 $r(\sin\alpha)$，即

$f(\sin\alpha) = g(\sin\alpha) \cdot q(\sin\alpha) + r(\sin\alpha)$

用 $\sin\alpha = \dfrac{\sqrt{3}-1}{2}$ 代入上式，則

$$f(\dfrac{\sqrt{3}-1}{2}) = 0 \times q(\dfrac{\sqrt{3}-1}{2}) + r(\dfrac{\sqrt{3}-1}{2})$$
$$= r(\dfrac{\sqrt{3}-1}{2})$$

而 $r(\sin\alpha)$ 是 $\sin\alpha$ 的一次函數，因此 $r(\frac{\sqrt{3}-1}{2})$ 就非常容易求值了。

解答

由 $\sin\alpha = \frac{\sqrt{3}-1}{2}$ 得 $2\sin\alpha + 1 = \sqrt{3}$，等號兩邊平方後可得 $2\sin^2\alpha + 2\sin\alpha - 1 = 0$。因此所求 $g(\sin\alpha) = 2\sin^2\alpha + 2\sin\alpha - 1$。用 $g(\sin\alpha)$ 去除 $f(\sin\alpha)$ 得

$$f(\sin\alpha) = (2\sin^2\alpha + 2\sin\alpha - 1)(\sin^3\alpha + \sin\alpha - 1) + (\sin\alpha + 1)$$

$$\therefore f(\frac{\sqrt{3}-1}{2}) = r(\frac{\sqrt{3}-1}{2}) = \frac{\sqrt{3}-1}{2} + 1 = \frac{\sqrt{3}+1}{2}$$

其中 $q(\sin\alpha) = \sin^3\alpha + \sin\alpha - 1$，$r(\sin\alpha) = \sin\alpha + 1$

3-11 坐標法

有的幾何問題透過引進適當的坐標系，把幾何圖形的有關性質問題，化為關於點的坐標之數量關係問題，再用代數方式來解決，稱為坐標法。

example 21

假設 $ABCD$ 為任一平行四邊形，試證以該 $\square ABCD$ 的兩條鄰邊 $\overline{AB}$ 與 $\overline{BC}$ 為邊所作成的兩個正方形面積和，不小於以 $\square ABCD$ 兩對角線的長為邊作成的矩形面積。在什麼情況下二者相等？

擎天小語

本題目要證 $\overline{AB}^2 + \overline{BC}^2 \geq \overline{AC} \cdot \overline{BD}$。用幾何證明困難較大，現用坐標法來證明。由於 $\square ABCD$ 為已知，若引進坐標系，A、B、C、D 四個點的坐標為已知，這樣線段 $\overline{AB}$、$\overline{BC}$、$\overline{AC}$、$\overline{BD}$ 的長度都可以透過解析幾何的兩點間距離公式求得，如此便把求證的初級幾何問題化為求證一個代數不等式問題，從而可藉熟知的代數知識解決這類題目。

在選擇坐標系時，我們當然希望將要得到的代數式盡可能簡化。一般來說，如果圖形中有現成互相垂直的線段，則可試用它們為坐標軸。在平行四邊形的情形，一般可選一條邊或一條對角線為橫軸。本題若選一條對角線為橫軸，對角線交點為原點，可以利用平行四邊形的對稱性這明顯優點，因為這時兩對頂點分別關於原點對稱，因此在設頂點坐標時可少用未知數，簡化之後代數式的運算。

解答

設 $A(-a, 0)$、$B(-b, -c)$、$C(a, 0)$、$D(b, c)$

則 $\overline{AB} = \sqrt{(a-b)^2 + c^2}$

$\overline{BC} = \sqrt{(a+b)^2 + c^2}$

$\overline{AC} = 2a$

$\overline{BD} = \sqrt{(2b)^2 + (2c)^2}$

代入欲證明的式子：

$\overline{AB}^2 + \overline{BC}^2 \geq \overline{AC} \cdot \overline{BD}$

整理得 $a^2 + b^2 + c^2 \geq 2a\sqrt{b^2 + c^2}$

令 $a = p$，$\sqrt{b^2 + c^2} = q$

因 $p > 0$，$q > 0$，$(p - q)^2 \geq 0$

可推出 $p^2 + q^2 \geq 2pq$，因此不等式成立。當取 $p = q$ 時等號成立，而此時 $\overline{BD} = 2\sqrt{b^2 + c^2} = 2q = 2p = 2a = \overline{AC}$，即兩條對角線的長度相等，這時 $\square ABCD$ 為一個矩形。

example 22

證明：若圓內接四邊形的兩條對角線互相垂直，則從對角線的交點到一邊中點的線段長，等於從圓心到這一邊對邊的距離。

擎天小語

本題要證的是兩線段的相等關係，現用坐標法證明。題目已給出兩條互相垂直的對角線，若取它們為坐標軸，則四邊形各頂點的坐標都只需設一個字母。建立坐標系：A、B、C、D 四點的坐標可設為 $(-a, 0)$，$(0, -b)$，$(c, 0)$，$(0, d)$，a、b、c、d 均為已知的正數。然後設法透過上述四點已知坐標，求出圓心 E，$\overline{CD}$ 的中點 G，$\overline{EF}$ 在 $\overline{AB}$ 上的垂足 F 之坐標，最後再使用兩點距離公式求證 $\overline{OG} = \overline{EF}$。

解答

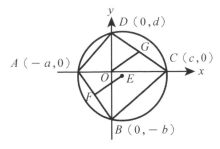

由中點坐標公式知：G 的坐標為 $(\dfrac{c}{2}, \dfrac{d}{2})$，$F$ 的坐標

為 $(-\dfrac{a}{2}, -\dfrac{b}{2})$。因 $\overline{AE} = \overline{EC}$，故 E 點的橫坐標為

$\dfrac{(c-a)}{2}$，因 $\overline{DE} = \overline{EB}$，故 E 點的縱坐標為 $\dfrac{d-b}{2}$，

因此得 E 點的坐標為 $(\dfrac{c-a}{2}, \dfrac{d-b}{2})$。

$\therefore \overline{EF} = \sqrt{(\dfrac{c}{2})^2 + (\dfrac{d}{2})^2} = \overline{OG}$

　　從上面例子看出，用坐標法解幾何題，一旦把幾何問題化為代數問題後，解題思路往往變得較為明確。但代數運算是否簡單，卻有賴於坐標系的選擇，不僅如此，選好坐標系後，運用什麼公式也大有關係。坐標系的選擇，原則上可以任意，但通常要和已知圖形聯繫起來，並盡量利用圖形的特性：考慮選擇互相垂直的直線，圖形的對稱軸等當作坐標軸，而選圖形的對稱中心、頂點、端點或線段中點等為原點，目的是使圖形中有關點的坐標盡量簡單。定好坐標後，便可定出各已知點坐標或有關幾何量，並用它們表示題設條件及結論，再用代數方法導出結果。

3-12 迭加法

解題時透過先尋找若干特例的解，然後利用它們的適當組合，再求得該問題解的辦法。

example 23

證明同弧所對的圓周角為圓心角的一半。

解答

如下圖，設 $\overset{\frown}{BC}$ 為圓 O 的弧，所對圓周角為 $\angle BAC = \beta$，圓心角 $\angle BOC = \alpha$，現要證明 $\angle BAC = \dfrac{1}{2}\angle BOC$，即要證明 $\alpha = 2\beta$。

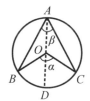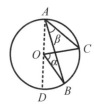

因為圓心 O 的位置可能在 $\angle BAC$ 的一邊上，或是在 $\angle BAC$ 的角內及角外三種情況，故可用枚舉法討論：

(1)當 $\angle BAC$ 的一條邊（例如 $\overline{AB}$）通過圓心時，此時 $\angle BOC$ 是等腰三角形 AOC 的一個外角，故 $\alpha = 2\beta$。

(2)當圓心 O 在 $\angle BAC$ 內時，過 $\overline{AO}$ 作圓的直徑 $\overline{AD}$，則把問題轉化為第一種情況，此時

$$2\beta = 2\angle BAC = 2\,(\angle BAD + \angle DAC)$$
$$= 2\,(\dfrac{1}{2}\angle BOD + \dfrac{1}{2}\angle DOC)$$

$$= \angle BOD + \angle DOC = \angle BOC = \alpha$$

(3)當圓心 O 在 $\angle BAC$ 外時，過 $\overline{AO}$ 作圓的直徑 $\overline{AD}$，也把問題化為第一種情況，此時

$$2\beta = 2\angle BAC = 2(\angle DAC - \angle DAB)$$

$$= 2(\frac{1}{2}\angle DOC - \frac{1}{2}\angle DOB)$$

$$= 2 \times \frac{1}{2}(\angle DOC - \angle DOB) = \alpha$$

三種情況迭加使問題獲證。

example 24

給定三個不在一條直線上的點 (x_1, y_1)、(x_2, y_2)、(x_3, y_3)，設 x_1、x_2、x_3 各不相等，試求一個次數盡可能低的多項式 $f(x)$，它所表示的曲線通過這三點，即 $y_i = f(x_i)$，$i = 1, 2, 3$。

解答

由於所給三點是平面上的任意三個點，假如這三個點在 x 軸上，則滿足 $f(x) = 0$，但題設是最多有兩個點在 x 軸上。

現在設想，如有一個點不在 x 軸上，例如設 (x_2, y_2) 不在 x 軸上，其餘兩點都在 x 軸上。這時要求 $f(x)$ 通過 $(x_1, 0)$、(x_2, y_2)、$(x_3, 0)$，所以多項式 $f(x)$ 有根 x_1 和 x_3，即 $f(x)$ 有因式 $(x - x_1)$ 及 $(x - x_3)$，因此 $f(x)$ 至少為二次式。

設 $f_2(x) = C(x - x_1)(x - x_3)$，其中 C 為常數。

我們可以利用 $f(x)$ 通過點 (x_2, y_2) 的條件來確定 C，

即把 (x_2, y_2) 代入 $f_2(x) = y$，得

$$C = \frac{y_2}{(x_2 - x_1)(x_2 - x_3)}$$

所以點 (x_2, y_2) 不在 x 軸上的最低次數多項式為

$$f_2(x) = y_2 \frac{(x - x_1)(x - x_3)}{(x_2 - x_1)(x_2 - x_3)} \cdots\cdots ①$$

多項式 ① 的特點是：當 $x = x_2$ 時，$f(x_2) = y_2$；當

$x = x_1$、x_3 時，$f(x_1) = f(x_3) = 0$。

這一重要特點使我們有可能利用迭加法來求得最終所

要求的函數，因為同理能得到過 (x_1, y_1)、

$(x_2, 0)$、$(x_3, 0)$ 三點的次數最低的多項式是

$$f_1(x) = y_1 \frac{(x - x_2)(x - x_3)}{(x_1 - x_2)(x_1 - x_3)} \cdots\cdots ②$$

此式當 $x = x_1$ 時，$f_1(x) = y_1$，而 x 取其他二值時，

$f_1(x) = 0$。

同理，通過點 $(x_1, 0)$、$(x_2, 0)$、(x_3, y_3) 的次數最低

的多項式為 $f_3(x) = y_3 \dfrac{(x - x_1)(x - x_2)}{(x_3 - x_1)(x_3 - x_2)} \cdots\cdots ③$

此式當 $x = x_3$ 時，$f_3(x) = y_3$，而 x 取其他二值時，

$f_3(x) = 0$。

這樣把 ①、②、③ 三式相加，就得到通過 (x_1, y_1)、

(x_2, y_2)、(x_3, y_3) 三點的次數最低的多項式：

$$f(x) = y_1 \frac{(x - x_2)(x - x_3)}{(x_1 - x_2)(x_1 - x_3)} +$$

$$y_2 \frac{(x - x_1)(x - x_3)}{(x_2 - x_1)(x_2 - x_3)}$$

$$+y_3 \frac{(x-x_1)(x-x_2)}{(x_3-x_1)(x_3-x_2)}$$

3-13 遞推法

在一個與自然數有關的問題裡，透過尋找遞推關係，由某初始值遞推獲得所需結果的辦法。

example 25

平面上 n 條直線，其中沒有兩條互相平行，也沒有三條或三條以上經過同一點，問平面被這 n 條直線分為多少個區域？

解答

這是一個與自然數 n 有關的問題，用 $n = 1$、2、3、4 等特殊情況來探索規律，記平面被所給 n 條直線劃分的區域數為 P_n，繪圖如下：

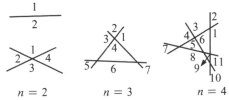

$$n = 2 \qquad n = 3 \qquad n = 4$$

由上圖看到 $P_1 = 2$、$P_2 = 4$、$P_3 = 7$、$P_4 = 11$。這些數字之間相聯繫的規律性不明顯，很難直接猜出 P_n 的表達式。但圖形中，後一個都是由前一個添加一條直線得到的，添加一條直線便增加若干個區域，所以由前後圖的聯繫上找規律是可行的。先看 $n = 2$ 和 $n = 3$

時兩個圖形的關係。

當平面上已有兩條相交直線時，再添一條直線，根據題設，這條直線必須與原有兩條直線各有一個交點，從而把所添直線分成三段，每段分別把原來 4 個區域中的 3 個區域一分為二，因而區域數增加 3 個，即

$$P_3 = P_2 + 3$$

仿此分析，一般在計算 P_n 時，從已有的 $n-1$ 條直線，按題設要求添加一直線 l，l 必然與所有 $n-1$ 條直線相交（因為 l 與所有 $n-1$ 條直線不平行），且交點有 $n-1$ 個（因為無三條及三條線以上共點）。這 $n-1$ 個交點把 l 劃分為 n 個小段，而各個小段分別把原圖中的 n 個區域一分為二，所以應有：

$$P_n = P_{n-1} + n \quad (n = 2, 3, \cdots) \cdots\cdots①$$

這樣我們求出了一個從 P_{n-1} 計算 P_n 的遞推關係式，加上已經知道初始值 $P_1 = 2$，便可計算任一個 P_n 了。但由①知，每計算一個 P_n，都得從 P_1 開始遞推，極其繁瑣。現欲從①求出 P_n 的表達式，以 $n = 2, 3, \cdots, n$ 分別代入，並把所得各式分別相加且合併同類項後得

$$P_2 = P_1 + 2$$

$$P_3 = P_2 + 3$$

$$\vdots$$

$$P_{n-1} = P_{n-2} + (n-1)$$

$$\underline{+) \quad P_n = P_{n-1} + n}$$

$$P_n = P_1 + (2 + 3 + \cdots + n)$$

$\because P_1 = 2$

$\therefore P_n = 2 + (2 + 3 + \cdots + n)$

$= 1 + (1 + 2 + 3 + \cdots + n) = 1 + \dfrac{n(1+n)}{2}$

3-14 倒推法（分析法）

解題時，由題設的條件和結論，可從所要求解的結論 A_1 出發，尋找能獲得 A_1 成立的充分條件 A_2，再以 A_2 為結果，尋找能獲得 A_2 成立的充分條件 A_3，…，直至找到某一個能使 A_{n-1} 成立的充分條件 A_n。A_n 若為題設的已知條件（或定義、公理、定理），則問題獲解。

example 26

已知 a 是不小於 3 的數，證明：

$\sqrt{a} - \sqrt{a-1} < \sqrt{a-2} - \sqrt{a-3}$

解答

已知 a 是不小於 3 的數，因此上述各根式都有意義，單憑這點想要推出結論是非常困難，現使用倒推法來解這題。

欲證 $\sqrt{a} - \sqrt{a-1} < \sqrt{a-2} - \sqrt{a-3}$

只須證 $\sqrt{a} + \sqrt{a-3} < \sqrt{a-2} + \sqrt{a-1}$

因上式兩邊均為正數，兩邊平方得

$2a - 3 + 2\sqrt{a(a-3)} <$

$2a - 3 + 2\sqrt{(a-1)(a-2)}$

即 $\sqrt{a(a-3)} < \sqrt{(a-1)(a-2)}$

上式再兩邊平方得

$a(a-3) < (a-1)(a-2)$

經移項合併同類項得 $0 < 2$ 顯然成立。以上推理各步可逆，所以原不等式成立。

example 27

已知 A、B 為直線 XY 一側的兩定點，試在直線 XY 上求一點 C，使 $\angle ACX = \angle BCY$。

解答

如右圖，假設 C 已經找到，連接 $\overline{AC}$、$\overline{BC}$，則可得 $\angle 1 = \angle 2$。要確定 C 點的位置，只要能確定 B、C（或 A、C）所在的直線

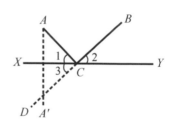

就可以了。故試把 $\overline{BC}$ 延長成射線 $\overrightarrow{BD}$，則應有 $\angle 2 = \angle 3$，所以 $\angle 1 = \angle 3$。這樣，就容易想到，若由 A 關於 XY 作對稱點 A'，則 A' 必落在 $\overrightarrow{BD}$ 上。因為 A 和 XY 是已知的，A' 可求，連結 $\overline{A'B}$ 則 C 點可求。

≫ 3-15 順推法（綜合法）

由題設的已知條件出發，根據定義、公式及已有定理進行推演，直至獲得所求結論。

example **28**

求證：由平行四邊形一對角線兩端點分別向另一對角線引垂線，所得垂足與該對角線兩端點構成另一平行四邊形。

解答

由題目所給條件 $\square ABCD$，$\overline{BM} \perp \overline{AC}$，$M$ 為垂足，$\overline{DN} \perp \overline{AC}$，$N$ 為垂足，作圖如下：

∵ $ABCD$ 為平行四邊形

∴ $\overline{DA} = \overline{BC}$

∵ $\overline{DN} \perp \overline{AC}$，$\overline{BM} \perp \overline{AC}$

∴ $\angle 5 = \angle 6 = 90°$

$\overline{DN} /\!/ \overline{BM}$

∵ $\overline{DA} /\!/ \overline{BC}$ ∴ $\angle 3 = \angle 4$

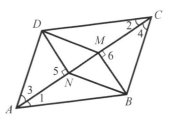

在 $\triangle AND$ 與 $\triangle CMB$ 中，$\angle 3 = \angle 4$，$\overline{DA} = \overline{BC}$，

$\angle 5 = \angle 6 = 90°$。

∴ $\triangle AND \cong \triangle CMB \Rightarrow \overline{DN} = \overline{BM}$

在四邊形 $BMDN$ 中，$\overline{DN}$ 與 $\overline{BM}$ 平行且等長

∴ $BMDN$ 為一個平行四邊形

3-16 經驗歸納法

當我們想解決一個一般性問題時，可以先分析這個問題的幾個簡單、特殊的情況，從中歸納，發現一般問題的規律，從而找到解決一般問題的途徑。

example 29

凸 n 邊形共有幾條對角線（$n \geq 4$）？

解答

這是一般性問題，我們先取 $n = 4, 5, 6$ 等特殊值來研究，並歸納出一般規律。下面以 L_n 記凸 n 邊形的對角線數。

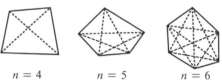

$n = 4 \qquad\qquad n = 5 \qquad\qquad n = 6$

從上圖中看出 $L_4 = 2$，$L_5 = 5$，$L_6 = 9$。這裡 n 與 L_n 的關係規律不明顯，不易從 n 與 L_n 的特例猜出 L_n 的表達式，因此需要對特例作深入分析，以尋求 n 與 L_n 的聯繫規律。

以圖中 $n = 6$ 的情況為例：設 A 是凸六邊形的一個頂點，除 A 與 A 相鄰的兩個頂點外，A 能向其餘各頂點各引一條對角線，可見凸六邊形的任一個頂點能引（$6 - 3$）條對角線。對所有 6 個頂點都這樣做，應可引 $6 \times$（$6 - 3$）條對角線，但由於每一條都被計算了 2 次，故 $L_6 = \dfrac{6\,(6-3)}{2} = 9$

同理 $L_5 = \dfrac{5\,(5-3)}{2} = 5$，$L_4 = \dfrac{4\,(4-3)}{2} = 2$

現把上述特例一般化到凸 n 邊形可知：從凸 n 邊形的一個頂點出發，可引（$n - 3$）條對角線，n 個頂點共

能引 $n(n-3)$ 條對角線，由於每條對角線都被重複計算了 2 次，故 $L_n = \dfrac{n(n-3)}{2}$

》》 3-17 數學歸納法

前面我們曾經強調：由經驗歸納法（即不完全歸納法）所得的結論並不一定可靠，原因在於我們沒有把應考察的事物全部考察完，卻把所得結論推出了我們的考察範圍。當我們應考察的事物是有限的，可採用完全歸納法逐一檢驗全部情形，來保證結論的可靠性。但更多的情況往往是所要考察的事物是無限時，而我們卻只能考察有限的對象，所得的結論對於尚未考察過的對象就不一定可靠。例如，對形如 $991n^2 + 1$ 的自然數，當 $n = 1, 2, \cdots, 10^3$, $\cdots, 10^4, \cdots, 10^{10}, \cdots$ 時總是一個非完全平方數，一直到 $n = 12,055,735,790,331,359,447,442,538,767$（一個 29 位數）時，它才是一個完全平方數。如果靠筆算去檢驗，至少要花好幾年時間才能發現這一點，這在實際上是辦不到的（雖然可以藉助於電子計算機或電腦），但更多的命題驗證連電子計算機也無能為力！於是產生了這麼一個問題：怎樣才能保證我們透過考察有限的對象所得出的結論，推廣到無限的情形時仍然是正確的？數學歸納法就可以在某種條件下幫助我們做到這一點，不過，希望同學不要被「數學歸納法」這名稱所迷惑，從本質上來說，數學歸納法是一種演繹推理方法，而並非歸納推理方法。

數學歸納法是一種十分常用的證明方法，在不少問題的證明中，有著其他證法所不能替代的作用。數學歸納法的基本形式如下：

設與自然數有關命題 $P(n)$，如果滿足兩個條件：

1. 對某個自然數 $s \geq 1$，$P(s)$ 成立（s 稱為歸納基礎）。
2. 假設 $n = k (\geq s)$ 時，$P(k)$ 成立，若可以推出當 $n = k + 1$ 時，$P(k + 1)$ 也成立（稱為歸納遞推）。

則對一切自然數 $n \geq s$，命題 $P(n)$ 都成立。

在使用數學歸納法證明與自然 n 有關命題時，這兩個步驟缺一不可，只有第一個步驟而無第二個步驟，或只有第二個步驟而無第一個步驟，都不能保證命題成立。

例如上例 $991n^2 + 1$ 的自然數，只有第一個步驟（即使我們驗證了 10^{30} 次，$991n^2 + 1$ 都不是完全平方數），沒有第二個步驟是不能斷定 $991n^2 + 1$ 對一切自然數 n 不是完全平方數。

又如 $1^2 + 2^2 + \cdots + n^2 = 1 + \dfrac{1}{6}n(n+1)(2n+1)$，如果不經第一個步驟而直接採取第二個步驟，即假設 $n = k$ 時等式成立，即有等式

$$1^2 + 2^2 + \cdots + k^2 = 1 + \dfrac{1}{6}k(k+1)(2k+1)$$

則只要在上式兩邊同時加上 $(k+1)^2$，容易得到

$$1^2 + 2^2 + \cdots + k^2 + (k+1)^2$$

$$= 1 + \dfrac{1}{6}(k+1)[(k+1)+1][2(k+1)+1]$$

由此可推出 $n = k + 1$ 時原等式也成立。僅以此便肯

定原等式對一切自然數 n 成立，就大錯特錯了。事實上，原等式對任何自然數 n 都不成立。

為了正確使用數學歸納法證題，除上述應注意的問題外，還有幾點是應指出的：

1. 正確使用歸納基礎 s 的值做歸納基礎。歸納基礎 s 的值常被誤解為 $s = 1$ 或 2，這是不對的。其實歸納基礎 s 的值應如何取，應依問題進行分析。例如求證：$2^n > n^2$，$n \in N$。$s = 1$ 時，顯然 $2^1 > 1^2$，但不能以 $s = 1$ 做歸納基礎，因為 $n = 2$、3、4 時，不等式不成立。當 $s \geq 5$ 時，不等式才成立，所以應選 $s = 5$ 做歸納基礎。

2. 什麼是歸納遞推？這本身就是一個獨立的命題，必須搞清在題目中的「$n = k$」成立，到底意味著什麼？「$n = k + 1$」成立又意味著什麼？這樣就可以用分析法加以探求。「$n = k$」與「$n = k + 1$」之間的關係往往並不那麼一目瞭然，因而有進一步研究的必要。

3. 搞清「$n = k$」成立與「$n = k + 1$」成立有什麼關係，只有搞清楚這一點，才能在歸納遞推的證明中充分地運用條件，而後者是數學歸納法決定性的一步。

數學歸納法是演繹法的一種，是一種嚴格的證題方法。一般來說，只能證明已知結論的命題，卻不能發現結論。命題的結論往往是由方法 3-13 遞推法和 3-16 經驗歸納法探求到的。在具體應用數學歸納法證題時，必須靈活運用，例如在第二步證明 $n = k + 1$ 時命題成立，一般只要用到歸納假設 $n = k$ 時命題為真便可證得。但有的題目，

卻要 $n = k - 1$ 等比 k 小的自然數時，命題成立的假設才好證明。為此，可把歸納假設改為：「$n < k$ 時命題為真」。若能在假設下證得 $n = k$ 時命題成立，則同樣能從 $n \geq 1$ 時命題為真推得對所有自然數命題為真。

example 30

已知 $<a_n>$ 為一數列，若 $a_0 = 2$、$a_1 = 3$ 且對任一自然數 k（$k \geq 2$）有 $a_k = 3a_{k-1} - 2a_{k-2}$，證明：$a_n = 2^n + 1$。

解答

(1)當 $n = 1$ 時，$a_1 = 2^1 + 1 = 3$，命題為真。

(2)當 $n = 2$ 時，$a_2 = 3a_1 - 2a_0 = 3 \times 3 - 2 \times 2 = 5 = 2^2 + 1$，命題為真。設當 $n < k$（$k \geq 2$）時命題為真，則當 $n = k$ 時

$$a_k = 3a_{k-1} - 2a_{k-2} = 3\,(2^{k-1} + 1) - 2\,(2^{k-2} + 1)$$
$$= 2^k + 1$$

由數學歸納法可得 $a_n = 2^n + 1$

擎天小語

此處由於 $k - 1$，$k - 2$ 都小於 k，故可利用歸納假設 $a_{k-1} = 2^{k-1} + 1$ 和 $a_{k-2} = 2^{k-2} + 1$。本題如僅作 $n = k$ 時命題為真的歸納假設，則不易證得 $n = k + 1$ 時命題為真。

example 31

用數學歸納法證明：對於任意 $n \in N$，$1^2 - 2^2 + 3^2 - 4^2 + \cdots + (-1)^{n-1}n^2 = (-1)^{n-1}\dfrac{n(n+1)}{2}$

解答

(1)當 $n = 1$ 時，等號左邊 $= 1 =$ 等號右邊，等式成立。

(2)設當 $n = k$ 時等式成立，即

$$1^2 - 2^2 + 3^2 - 4^2 + \cdots + (-1)^{k-1}k^2$$

$$= (-1)^{k-1}\dfrac{k(k+1)}{2} \text{ 成立。}$$

則當 $n = k + 1$ 時，由歸納假設

$$[1^2 - 2^2 + 3^2 - \cdots + (-1)^{k-1}k^2] + (-1)^k(k+1)^2$$

$$= (-1)^{k-1}\dfrac{k(k+1)}{2} + (-1)^k(k+1)^2$$

$$= (-1)^k\dfrac{2(k+1)^2 - k(k+1)}{2}$$

$$= (-1)^k\dfrac{(k+1)[(k+1)+1]}{2}，\text{等式成立。}$$

由數學歸納法知 $n \in N$ 時等式成立。

example 32

用數學歸納法證明：$x^n - na^{n-1}x + (n-1)a^n$ 能被 $(x-a)^2$ 整除（$n \in N$，$n \geq 2$）。

解答

(1) $n = 2$ 時，原式 $= x^2 - 2ax + a^2 = (x-a)^2$，能被 $(x-a)^2$ 整除。

(2) $n = k$ 時，設 $x^k - ka^{k-1}x + (k-1)a^k = Q(x-a)^2$，

能被 $(x-a)^2$ 整除（其中 Q 為 x 的 $k-2$ 次多項

式）。

當 $n = k + 1$ 時，

原式 $= x^{k+1} - (k+1)a^kx + ka^{k+1}$

$= [x^k - ka^{k-1}x + (k-1)a^k]x$

$\quad + [ka^{k-1}x^2 - (k-1)a^kx - (k+1)a^kx + ka^{k+1}]$

$= Q(x-a)^2x + ka^{k-1}(x-a)^2$

$= (Qx + ka^{k-1})(x-a)^2$，能被 $(x-a)^2$ 整除。

由數學歸納法知 $n \in N$ 時原命題成立。

≫ 3-18 反證法

一個命題與其否定命題必有一真一假，透過證明一個命題的否定命題不真，從而肯定原命題真實的方法，就叫做反證法，用反證法證明一個結論是 B 的命題，其思路是假定 B 不成立，則 B 的反面成立。然後從 B 的反面成立的假定出發，利用一些定理、定義等作出一系列正確、嚴密的邏輯推理，最後推出與題設相矛盾的結果，若同時承認這些結果和題設，則與已有的定理或定義相矛盾。這矛盾從何而來呢？追究矛盾的由來，只能是來自「B 的反面成立」這個假設，可見這個假設是錯誤的，因此 B 必須成立。

example 33

圓內兩條非直徑的弦相交，試證它們不能互相平分。

擎天小語

假設弦 $\overline{AB}$、$\overline{CD}$ 不是直徑，但他們相交，要證明它們不能互相平分，直接證明是困難的，現用反證法證明，假設「$\overline{AB}$、$\overline{CD}$ 不能互相平分」不成立，這只有一種情形，即「$\overline{AB}$、$\overline{CD}$ 能互相平分」。現在我們從這一假設出發，設法導出矛盾。

解 答

假設弦 $\overline{AB}$、$\overline{CD}$ 互相平分，由於已知 $\overline{AB}$、$\overline{CD}$ 不是直徑，所以它們都不過圓心 O，故兩弦交點 E 與 O 不重合，將 O 與 E 連接而得一條線段 $\overline{OE}$。因為 E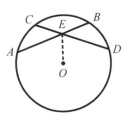
是 $\overline{AB}$ 中點，$\overline{OA} = \overline{OB}$，故 $\overline{OE} \perp \overline{AB}$，同理 $\overline{OE} \perp \overline{CD}$。這與「一條直線不能垂直兩條相交直線」的事實矛盾，這便證明命題成立。

example 34

求證 $\cos 10°$ 是無理數。

擎天小語

要證 $\cos 10°$ 是無理數，也就是要證 $\cos 10°$ 是無限不循

環小數，命題的結論涉及具有「無限」性質的對象，而且此處的「無限」不能直接轉化為「有限」，因而考慮採用反證法，將「無限」否定成為「有限」來處理。

解 答

假設 $\cos 10°$ 為有理數，即

$\cos 10° = \dfrac{p}{q}$（p、q 是互質的正整數）……①

對①式應如何使用反證法？可以這樣設想：使①式左邊經過一些運算後，變成一個熟知的無理數，而右邊經相應的運算後仍是有理數。由三角公式知 $\cos 30° = \dfrac{\sqrt{3}}{2}$ 是無理數，而 $\cos 30° = \cos(3 \times 10°) = 4\cos^3 10° - 3\cos 10°$。對①式進行相應的運算可得：$4\left(\dfrac{p}{q}\right)^3 - 3\left(\dfrac{p}{q}\right)$ 為一個有理數，顯然 $4\cos^3 10° - 3\cos 10° = \dfrac{\sqrt{3}}{2} \neq 4\left(\dfrac{p}{q}\right)^3 - 3\left(\dfrac{p}{q}\right)$

故 $\cos 10°$ 不可能是有理數，即 $\cos 10°$ 為無理數，得證。

≫ 3-19 等價變換與非等價變換

如果由 A 經過邏輯推理或演算可以推出 B，反過來由 B 又可經邏輯推理或演算推出 A，則由 A 到 B（或由 B 到 A）的邏輯推理或演算就稱為可逆的邏輯改變。

在保持同一個數學系統的條件下，把所討論的數學問

題中有關的命題或對象的表現形式做可逆的邏輯改變，以使討論的數學問題轉化為我們所熟悉的或容易處理的問題，叫等價變換。

example 35

設 $\triangle ABC$ 的三邊長 x、y、z 為任意的實數，且 A、B、C 為 $\triangle ABC$ 的三內角，試求證：$x^2 + y^2 + z^2 \geq 2yz\cos A + 2zx\cos B + 2xy\cos C$

擎天小語

要證 $a \geq b$，可以等價地改為證明 $a - b \geq 0$，這就是證明不等式時常用的差值法。對本例來說，也就是要證 $x^2 + y^2 + z^2 - 2yz\cos A - 2zx\cos B - 2xy\cos C \geq 0$，而要證明某個代數式的值恆非負，通常又有兩個辦法：一是將所給代數式分解因式，再確定積的符號；二是將所給代數式配成平方和的形式。觀察本例中代數式的特點，應採用配方法。

解答

由題目已知條件與特點，先作如下幾個等價變換：

$y^2 = y^2 \left(\sin^2 C + \cos^2 C \right) = y^2\sin^2 C + y^2\cos^2 C$

$z^2 = z^2 \left(\sin^2 B + \cos^2 B \right)$

$\quad = z^2\sin^2 B + z^2\cos^2 B - 2yz\cos A = 2yz\cos \left(\pi - A \right)$

$\quad = 2yz\cos \left(B + C \right)$

$\quad = 2zy \left[\cos B\cos C + \sin B\sin C \right]$

$$= 2yz\cos B\cos C + 2yz\sin B\sin C$$

$$\therefore x^2 + y^2 + z^2 - 2yz\cos A - 2zx\cos B - 2xy\cos C$$

$$= (x^2 + y^2\cos^2 C + z^2\cos^2 B - 2xy\cos C - 2xz\cos B + 2yz\cos B\cos C)$$

$$+ (y^2\sin^2 C + z^2\sin^2 B + 2yz\sin B\sin C)$$

$$= (x - y\cos C - z\cos B)^2 + (y\sin C + z\sin B)^2 \geq 0$$

∴原不等式成立

解答數學問題時，等價變換並不是永遠奏效的，在某些情況下，如解分式方程式時去分母、解無理方程式有理化、解超越方程式變量替換等，都不得不施行某些非等價變換來促使問題的轉化。非等價變換也是一種強有力的數學解題方法，只要運用得當，同樣可以成功，甚至於還能發揮等價變換所無法發揮的巧妙作用。

example 36

設 a、b、c、d 為任意正數，求證：

$$1 < \frac{a}{a+b+d} + \frac{b}{b+c+a} + \frac{c}{c+d+b} + \frac{d}{d+a+c} < 2$$

擎天小語

本例要證兩個不等式同時成立，等價變換無能為力。現使用非等價變換的「放縮法」，即放寬或縮小不等式的範圍，採用捨掉一些正負項而使不等式之和變小（大），或在分式中放大（縮小）分式的分子分母等方法達到解題目的。

解答

本例因 a、b、c、d 為任意正數,故證明第一個不等式時宜放大分母,證第二個不等式時宜縮小分母,使問題獲解。

$$\because \frac{a}{a+b+d}+\frac{b}{b+c+a}+\frac{c}{c+d+b}+\frac{d}{d+a+c}$$

$$<(\frac{a}{a+b}+\frac{b}{a+b})+(\frac{c}{c+d}+\frac{d}{d+c})$$

$$=1+1=2$$

$$且 \frac{a}{a+b+d}+\frac{b}{b+c+a}+\frac{c}{c+d+b}+\frac{d}{d+a+c}$$

$$>\frac{a}{a+b+c+d}+\frac{b}{a+b+c+d}$$

$$+\frac{c}{a+b+c+d}+\frac{d}{a+b+c+d}=1$$

$\therefore$ 原不等式成立

註 用非等價變換解題有可能造成解答失真,應特別注意。

example 37

已知 $\dfrac{y+z}{x}=\dfrac{z+x}{y}=\dfrac{x+y}{z}=k$,求 k 值。

解答

本例由等比定理得

$$k=\frac{(y+z)+(z+x)+(x+y)}{x+y+z}=2$$

若由此認為 $k=2$ 為本例的解,則這個解答考慮不全面,原因是解題過程中施行了非等價變換:等比定理僅在所得新比例式分母不為零時才適用,因而 $k=2$,只是 $x+y+z\neq0$ 的解,當 $x+y+z=0$ 時如何

呢？事實上，如果 $x + y + z = 0$，則由 $x + y = -z$ 代入原式可得 $k = \dfrac{x + y}{z} = \dfrac{-z}{z} = -1$。因此，本例的完備解答是 $k = 2$ 或 -1。

　　解方程式的非等價變換可能會引起增根或失根，因此在可能引起增根的情況下（如非等價變換的結果擴大了原方程式的定義域），要驗根將增根捨去；在可能造成失根的情況下（如非等價變換的結果縮小了原方程的定義域），就要設法將所丟失的根找回來，以使解答完整。

》》3-20 維數變換法

　　「維數」概念應用在把直線看成是一維的，把平面看成是二維的，把普通空間看成是三維等，除此以外，「維數」還泛指未知數的個數、變量的個數、方程式的次數、行列式的階數等。「維數變換法」也是促使問題由難到易，使問題得到解決的有效方法之一。「維數變換法」主要有「降維」與「升維」兩種方式，這要視解決的問題而定。

　　在解題時，把維數高的問題化為維數低的問題，這種解題方法叫降維法。例如解決立體幾何問題時，總是設法把它轉化為平面幾何的問題來解決（把三維問題化為二維或一維問題）；在解高次或多元方程（組）時的降次、消元，高階行列式的降階等都是用降維法解題。

example 38

解三元一次方程組 $\begin{cases} 3x + 2y + z = 13 \\ x + y + 2z = 7 \\ 2x + 3y - z = 12 \end{cases}$

擎天小語

題目有三個未知數，所以是三維方程組，要設法把它逐步降維，先降成二維（二個未知數），再降成一維（只含一個未知數），降維的辦法就是代入法或加減消元法。

解答

先消去 z：

$\begin{cases} 3x + 2y + z = 13 \cdots\cdots ① \\ x + y + 2z = 7 \cdots\cdots ② \\ 2x + 3y - z = 12 \cdots\cdots ③ \end{cases}$

由①＋③得 $5x + 5y = 25$

即 $x + y = 5 \cdots\cdots ④$

①$\times 2 -$②得 $5x + 3y = 19 \cdots\cdots ⑤$

由④與⑤聯立方程組，可知已消去一個 z，便是把原來三維問題降成二維問題了。從④解出 $y = 5 - x$ 代入⑤便又消去一個 y，降成一維問題，由此可陸續解出 $x = 2$、$y = 3$、$z = 1$。

「升維」與「降維」完全相反，一般來說，降維可以使問題簡化，升維反而使問題更為複雜。但也不是一概而

論，在某些情況下，只要「升維」得當，問題同樣可以得到巧妙的解決。

example 39

求 $S_n = 1 \cdot 3 \cdot 5 + 3 \cdot 5 \cdot 7 + 5 \cdot 7 \cdot 9 + \cdots + (2n-1)(2n+1)(2n+3)$，$n \in N$。

解答

按照習慣的想法，是將和式 S_n 中的通項展開，把 S_n 分解成自然數的立方數列與自然數的平方數列及一個常數列的和。如果我們對自然數的立方數列與自然數的平方數列之求和不熟練，一切從頭做起，那就很費功夫。

現在考慮一個比 S_n 中的數列更為高階而結構與其相似的數列，是一個表面上與「從繁到簡」方向完全相反的大膽步驟。令

$P_n = 1 \cdot 3 \cdot 5 \cdot 7 + 3 \cdot 5 \cdot 7 \cdot 9 + 5 \cdot 7 \cdot 9 \cdot 11 + \cdots + (2n-1)(2n+1)(2n+3)(2n+5)$

則 $a_k = (2k-1)(2k+1)(2k+3)(2k+5)$，其中 $k = 1, 2, \cdots, n$。

則 $a_k - a_{k-1} = 8(2k-1)(2k+1)(2k+3)$，而其中 $k = 2, 3, \cdots, n$……①

由上式知 P_n 中每相鄰兩項之差的 $\frac{1}{8}$ 恰好就是 S_n 中的各個項，於是在①式中令 $k = 2, 3, \cdots, n$，得

$$a_2 - a_1 = 8 \cdot 3 \cdot 5 \cdot 7$$

$$a_3 - a_2 = 8 \cdot 5 \cdot 7 \cdot 9$$

$$a_4 - a_3 = 8 \cdot 7 \cdot 9 \cdot 11$$

$$\vdots$$

$$a_n - a_{n-1} = 8 \cdot (2n - 1)(2n + 1)(2n + 3)$$

將以上（$n - 1$）個等式累加即得

$$a_n - a_1 = 8 [3 \cdot 5 \cdot 7 + 5 \cdot 7 \cdot 9 + \cdots$$
$$+ (2n - 1)(2n + 1)(2n + 3)]$$

其中 $a_n = (2n - 1)(2n + 1)(2n + 3)(2n + 5)$

$$= 8n(2n^3 + 8n^2 + 7n - 2) - 1 \cdot 3 \cdot 5$$

而 $a_1 = 1 \cdot 3 \cdot 5 \cdot 7$

$$\therefore a_n - a_1 = 8n(2n^3 + 8n^2 + 7n - 2) - 1 \cdot 3 \cdot 5 - 1 \cdot$$
$$3 \cdot 5 \cdot 7$$

$$= 8n(2n^3 + 8n^2 + 7n - 2) - 8 \cdot 1 \cdot 3 \cdot 5$$

$$\therefore 8n(2n^3 + 8n^2 + 7n - 2)$$

$$= 8 [1 \cdot 3 \cdot 5 + 3 \cdot 5 \cdot 7 + \cdots$$
$$+ (2n - 1)(2n + 1)(2n + 3)]$$

$$= 8S_n$$

$$\therefore S_n = n(2n^3 + 8n^2 + 7n - 2)$$

這樣，透過考慮一個與 S_n 中的數列類似的但更為高階的數列 P_n 與 S_n 之間的關係，我們反而簡捷地求出了 S_n 的值。此處所用的差值累加法，對形如

$$S_n = a_1 a_2 \cdots a_k + a_2 a_3 \cdots a_{k+1} + \cdots + a_n a_{n+1} \cdots a_{n+k-1}$$ 的數列求和普遍適用（其中 $< a_n >$ 為一等差數列，k 是大

於或等於 2 的自然數）。

>>> 3-21 幾何變換法

所謂幾何變換就是按照一定的法則，把一個幾何圖形變形成為另一個幾何圖形。常見的幾何變換主要有反射、平移、旋轉和反演等幾種方式。利用幾何變換研究幾何問題的辦法，叫做幾何變換法。

example 40

如右圖，已知 $ABCD$ 是梯形，
$\overline{AB} > \overline{CD}$，求證：$\overline{BD} > \overline{AC}$。

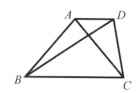

解答

要透過 $\overline{AB} > \overline{CD}$ 來證明
$\overline{BD} > \overline{AC}$，一定要使這四
條線段發生一定的連繫才
有可能著手證明。
為此將 $\overline{DB}$、$\overline{DC}$ 分別平移
至 $\overline{AE}$、$\overline{AF}$，作 $\overline{AG} \perp \overline{BC}$。

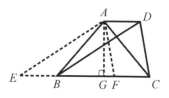

$\because \overline{AB} > \overline{CD} = \overline{AF}$

$\therefore$ 由勾股定理知 $\overline{BG} > \overline{FG}$

又 $\because \overline{EG} = \overline{EB} + \overline{BG} = \overline{AD} + \overline{BG}$

$\qquad = \overline{CF} + \overline{BG} > \overline{CF} + \overline{FG} = \overline{CG}$

$\therefore$ 由勾股定理知 $\overline{AE} > \overline{AC}$，即 $\overline{BD} > \overline{AC}$

3-22 對稱性原理

宇宙中的一切物質都具有某種對稱性，這就是對稱性原理。

客觀物質世界的對稱性，必然要反應到研究物質的空間形式與數量關係的數學中來。數學的許多研究對象都直接與對稱性有關，例如：軸對稱圖形與中心對稱圖形，對稱多項式、對稱矩陣、對稱變換、奇偶函數、週期函數、向量內積、等價關係等；還有數學的許多研究方法也與對稱性有關，例如坐標軸、坐標系、中心投影、反射、黃金分割等。數學互為相反的成對概念（正與負、常量與變量、有限與無限、無窮小與無窮大、有界與無界、連續與間斷、收斂與發散、開集與閉集等）和互為可逆的成對運算（加與減、乘與除、乘方與開方、微分與積分、變換與逆變換等）以及大量的公式和定理都具有對稱性。

自覺地注意並利用事物的對稱性，可以使我們更確實掌握事物的性質，進行正確思維，使推理過程合理簡潔，問題自然容易解決。

example 41

分解 $(x-y)^5 + (y-z)^5 + (z-x)^5$ 的因式。

擎天小語

多項式若同時以 y 代 x，z 代 y，x 代 z 所得的多項式與原多項式相等，可見原式是 x、y、z 的五次齊次輪換

對稱多項式。因為輪換對稱多項式在恆等變形的過程中仍然保持輪換對稱性，並且任何一個對稱多項式都可以用其基本對稱多項式表示出來，這兩點是我們進行因式分解時應該加以利用的。

解 答

當 $x = y$ 時，原 式 $= 0^5 + (y - z)^5 + (z - y)^5 = (y - z)^5 - (y - z)^5 = 0$，所以可知原式具有因式 $(x - y)$；又由原式的輪換對稱性，可知除了具有因式 $(x - y)$ 外，同時還具有因式 $(y - z)$ 與 $(z - x)$，亦即原式應具有輪換對稱因式 $(x - y)$ · $(y - z)(z - x)$。

餘下的因式是 x、y、z 的二次齊次輪換對稱式，可用 x、y、z 的二次基本對稱多項式表示，因此，可設餘下的因式為 $a(x^2 + y^2 + z^2) + b(xy + yz + zx)$

其中 a、b 為待定係數

由 $(x - y)^5 + (y - z)^5 + (z - x)^5$

$= (x - y)(y - x)(z - x)$ ·

　$[a(x^2 + y^2 + z^2) + b(xy + yz + zx)]$

令 $x = 1$、$y = 0$、$z = -1$：

可得 $-30 = -2(2a - b)$ ……①

令 $x = 2$、$y = 1$、$z = 0$：

可得 $-30 = -2(5a + 2b)$ ……②

解①與②所組成的方程組得 $a = 5$、$b = -5$

$$\therefore (x-y)^5 + (y-z)^5 + (z-x)^5$$
$$= 5(x-y)(y-z)(z-x)(x^2+y^2+z^2-xy-yz-zx)$$

　　代數上使非對稱的數學對象產生對稱性的常用方法之一是「平均值代換」。

example 42

解方程式 $2(10x+13)^2(5x+8)(x+1)=1$

解答

要解這一個 x 的四次方程式有一定難度，現使用「平均值代換」法，先使原方程式等價變形為

$$(10x+13)^2(10x+16)(10x+10)=10\cdots\cdots①$$

計算①式左邊四個因子的算數平均值為

$$\frac{1}{4}\big[(10x+13)+(10x+13)+(10x+16)+(10x+10)\big]$$
$$=10x+13$$

令 $y=10x+13$ 代入①式得

$$y^2(y+3)(y-3)=10\cdots\cdots②$$

②式展開得：$y^4-9y^2-10=0$

再分解因式得 $(y^2-10)(y^2+1)=0$

由此式解得 $y_1=\sqrt{10}$，$y_2=-\sqrt{10}$，$y_3=i$，$y_4=-i$。

再由 $y=10x+13$，得出原方程組的解為

$$x_1=\frac{1}{10}(\sqrt{10}-13)，x_2=-\frac{1}{10}(\sqrt{10}+13)，$$

$$x_3=\frac{1}{10}(-13+i)，x_4=-\frac{1}{10}(13+i)$$

》》 3-23 試驗法

　　試驗法是在解題過程中取特例進行試驗，用不完全歸納法來摸索規律，積累經驗，探求解題途徑的方法。試驗法把一般性問題特殊化以後，先研究一定數量的例子，由所取特例間具有明顯的關係（如順序關係、遞推關係等），以便從中發現符合特殊情況中的一般性規律，然後給予嚴格的數學證明。這種一般性規律，可能是解題目標的直接要求，也可能是間接要求。所謂直接要求，就是說題目本身要求的就是這種一般性規律，一旦這種規律被揭示出來，解題目標就已達到，解題過程即可結束；所謂間接要求，則是一般性規律並非題目本身所要求的東西，但要確定解題方向和途徑，又非得依據這種一般性規律不可。

◌ *example* 43

　　求證：數列 $12, 1122, 111222, \cdots$ 的每一項都是某兩個相鄰整數的乘積。

解答

要證明所給數列的每一項都是某兩個相鄰整數的乘積，首先必須弄清楚這兩個相鄰的整數究竟是怎樣的？它們隨項數變化的規律如何？為此，將所給數列的頭幾項分解因數，不難發現

$12 = 3 \times 4$

$$1122 = 33 \times 34$$

$$111222 = 333 \times 334$$

$$\vdots$$

於是猜想對所給數列的第 n 項，應有

$$\underbrace{111\cdots1}_{n\text{個}}\underbrace{222\cdots2}_{n\text{個}} = \underbrace{333\cdots3}_{n\text{個}} \times (\underbrace{333\cdots3}_{n\text{個}} + 1)$$

注意以上所分解出的因數中有 $333\cdots3 = 111\cdots1 \times 3$，

而所給數列的通項也與 $111\cdots1$ 有關，因此先設法從

數列通項 a_n 中分解出因數 $111\cdots1$。

$$a_n = \underbrace{111\cdots1}_{n\text{個}}\underbrace{222\cdots2}_{n\text{個}} = \underbrace{111\cdots1}_{n\text{個}}\underbrace{000\cdots0}_{n\text{個}} + \underbrace{222\cdots2}_{n\text{個}}$$

再進一步設法從 $10^n + 2$ 中分解出因數 3：

$$10^n + 2 = \underbrace{999\cdots9}_{n\text{個}} + 3 = 3 \times (\underbrace{111\cdots1}_{n\text{個}} \times 3 + 1)$$

至此，只需令 $111\cdots1 = m$，就有 $a_n = 3m(3m + 1)$，

命題獲證。

3-24 逐步逼近法

「逐步逼近」是數學上最基本也是最重要的思維方法之一。「逐步逼近」的思想可以一直追溯到古代數學家用「割圓術」來求圓周率 π 的近似值，所謂「割圓術」就是用一系列圓內接正多邊形的周長或面積來逼近圓的周長或面積，當圓內接正多邊形的邊數逐漸增加時，其周長和面積就愈來愈接近圓的周長和面積。直至現代，當我們用定

積分來求曲邊梯形的面積時，實質上也還是用一系列矩形面積之和去逼近曲邊梯形的面積。當然，這種逼近已經不再是古代的「割圓術」時依賴幾何直觀的「逼近」了，而是建立在嚴格極限理論基礎上更為深刻的「逼近」。

「逐步逼近」是貫穿分析數學的一條基本線索，實數理論中用有理數逼近無理數，極限理論中的閉區間套和單調有界原理，微分學中用平均變化率逼近瞬時變化率，積分學中用有限和逼近無限和，級數理論中用多項式逼近函數等，都是各種不同方式的「逐步逼近」。

>>> *3-25* 類比法

人們在進行觀察與思考的時候，總是習慣把性質相似的事物加以比較，把成功的經驗用到處理與這些事物性質相似的另一些事物上。這種思考問題與處理問題的方法，就叫做類比法。類比法是一種從特殊到特殊的推理方法，類比的方式通常有兩種：

1. 根據兩種事物的屬性在某些方面相似，推想此兩事物的屬性在其他方面也相似。譬如，矩形的兩條對角線相等且互相平分，推想長方體的對角線也相等且互相平分，此屬於第一種方式的類比。

2. 將處理某種事物上富有成效的經驗或方法，借用到處理與其性質相似的另一事物上去。譬如用「光行最速原理」來解決數學上的極值問題，此屬於第二種方式的類比。

　　掌握類比法的要領是：善於觀察事物的特點，注意從不同事物身上發現它們的共同或相似之處，並追究造成這種共同或相似的原因。要大膽地放寬眼界，不受自己的研究對象與學科的限制。

example 44

已知 $a > 1$、$b > 1$，求證：$\log_a b + \log_b a \geq 2$。

解答

$\because a > 1$、$b > 1$　$\therefore \log_a b > 0$，$\log_b a > 0$

又 $\log_b a = \dfrac{1}{\log_a b}$　$\therefore \log_a b + \log_b a = \dfrac{\log_a b}{1} + \dfrac{1}{\log_a b} \geq 2$

（根據若 a、b 都是正數，則 $\dfrac{a}{b} + \dfrac{b}{a} \geq 2$。）

example 45

用類比法求 $1^2 + 2^2 + \cdots + n^2$ 的公式 S_2。

擎天小語

從 S_2 的形式，使我們想到與它類似的

$$S_1 = 1 + 2 + 3 + \cdots + n = \frac{1}{2}n(n+1)$$

把 S_2 與 S_1 進行比較，S_1 是前 n 個自然數之和，S_2 是前 n 個自然數平方的和。S_1 可表為 n 的二次多項式，類推 S_2 也可能表為 n 的多項式。由於 S_2 的通項比 S_1 的通項高一次，從而猜想 S_2 表為 n 的多項式也可能比二次高，可能是 n 的三次多項式，即

$$1^2 + 2^2 + 3^2 + \cdots + n^2 = a_3n^3 + a_2n^2 + a_1n + a_0$$

解答

令 $S_2 = 1^2 + 2^2 + \cdots + n^2 = a_3n^3 + a_2n^2 + a_1n + a_0$

利用待定係數法，分別令 $n = 1 , 2 , 3 , 4$ 代入得

$$\begin{cases} a_3 + a_2 + a_1 + a_0 = 1 \\ 8a_3 + 4a_2 + 2a_1 + a_0 = 5 \\ 27a_3 + 9a_2 + 3a_1 + a_0 = 14 \\ 64a_3 + 16a_2 + 4a_1 + a_0 = 30 \end{cases}$$

解得 $a_3 = \dfrac{1}{3}$、$a_2 = \dfrac{1}{2}$、$a_1 = \dfrac{1}{6}$、$a_0 = 0$。所以，S_2 可表

為 $\dfrac{1}{3}n^3 + \dfrac{1}{2}n^2 + \dfrac{1}{6}n = \dfrac{1}{6}n\,(n + 1)\,(2n + 1)$

　　上面所得結果，由於是在猜想 S_2 可表為 n 的一個多項式的前提下求得的，而 S_2 是否確實可表為 n 的一個多項式，是從類比法推想的，並無把握。如果 S_2 確實是一個 n 的多項式，那麼上面的結果就是正確的；如果 S_2 根本不是一個 n 的多項式，那麼上面的計算全部是白費的。因此，對於得到的結果 $S_2 = \dfrac{1}{6}n\,(n + 1)\,(2n + 1)$ 必須用數學歸納法加以證明（證略）。

　　本例說明，當我們應用類比法無法猜到問題的確切結果（S_2 的表達式）時，我們可退一步，去猜測結果的形式（S_2 是 n 的多項式），再設法獲得問題的結果。

　　使用類比法應該注意：只有本質上相同或相似的事物才能進行類比，如果僅僅形式上相似而本質上卻不相同的事物則不能類比；類比法實質上是一種發現的方法而不是

論證的方法。從邏輯上看，由類比所得的結論，其真實性的依據不足，必須經過嚴格的論證和檢驗。

MEMO

Ch4

高效必考焦點公式

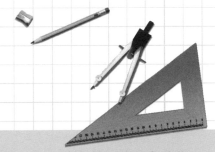

從邏輯上理解公式的來龍去脈，把握其本質，透過定量練習，自然記得住、用得順。若只靠死記背誦，那麼多公式誰記得住？就算記住了，如果不能深刻理解其本質，到頭來還是不會用、不懂變通。把握「記」公式的方法，日後就算生疏了，也能立刻推導出來，萬無一失。

焦點 1　倍數判斷法則

2^n 系列	(1) 2 的倍數↔末一位數為 2 的倍數（偶數）。 (2) 4 的倍數↔末二位數為 4 的倍數。 (3) 8 的倍數↔末三位數為 8 的倍數。
5^n 系列	(1) 5 的倍數↔末一位數為 5 的倍數（0 或 5）。 (2) 25 的倍數↔末二位數為 25 的倍數。
3 與 9 的倍數	(1) 3 的倍數↔所有數字和為 3 的倍數。 (2) 9 的倍數↔所有數字和為 9 的倍數。
11 的倍數	11 的倍數↔（奇位數字和）－（偶位數字和）為 11 的倍數。
7 和 13 的倍數	末位起，向左每三位數一個區間，（第奇數個區間的和）－（第偶數個區間的和）為 7（13）的倍數。

註 (1)$a, b, m, n \in Z$，若 $c \mid a$、$c \mid b$ 則 $c \mid am + bn$，但反之不成立。
(2)連續 n 個正整數之積為 $n!$ 之倍數。

焦點 2　因數的個數與尤拉公式

若 $A = p^\alpha \cdot q^\beta \cdot r^\ell$，且 p、q、r 為正質因數，α、β、$\ell \in N$，則：

(1) A 之正因數個數 $=(\alpha + 1)(\beta + 1)(\ell + 1)$

(2) A 之因數個數 $= 2(\alpha + 1)(\beta + 1)(\ell + 1)$

(3) A 之正因數總和
$$= (1 + p + p^2 + \cdots + p^\alpha)(1 + q + q^2 + \cdots + q^\beta)(1 + r + r^2 + \cdots + r^\ell)$$

(4) A 之一切因數總和為 0

(5) A 之正因數之積為：

$$A^{\left(\frac{正因數個數}{2}\right)} = A^{\frac{(\alpha+1)(\beta+1)(\ell+1)}{2}}$$

(6)尤拉公式：不大於 A 而與 A 互質之正整數個數

$$= A\left(1 - \frac{1}{p}\right)\left(1 - \frac{1}{q}\right)\left(1 - \frac{1}{r}\right)$$

焦點 3　整數解條件

1. 設 a、b、$c \in Z$，方程式 $ax + by = c$ 有整數解之充要條件 $\Leftrightarrow (a,b) \mid c$。

註 (1)若 $(a,b) \mid c$ 則有無限多組整數解。

　　(2)若 $(a,b) \nmid c$ 則無整數解。

2. 不定方程式求通解之要領：

(1)先將公因數消去並求任意整數解 (h,k)。

(2)再求通解 $\begin{cases} x = h + bt \\ y = k - at \end{cases}$，$t \in Z$，且 $(a,b) = 1$。

焦點 4　直線之距離與斜率

1. 若 $A(x_1, y_1)$，$B(x_2, y_2)$，$C(x_3, y_3)$，$P(x,y)$，則：

(1)距離公式：$\overline{AB} = \sqrt{(x_1 - x_2)^2 + (y_1 - y_2)^2}$

(2)中點公式：若 P 為 $\overline{AB}$ 中點，則 $x = \dfrac{x_1 + x_2}{2}$，$y = \dfrac{y_1 + y_2}{2}$

(3)分點公式：若 $\overline{AP} : \overline{PB} = m : n$，則 $x = \dfrac{nx_1 + mx_2}{m + n}$，

$y = \dfrac{ny_1 + my_2}{m + n}$。

(4)重心公式：若 P 為 $\triangle ABC$ 之重心，則 $x = \dfrac{x_1 + x_2 + x_3}{3}$，

$y = \dfrac{y_1 + y_2 + y_3}{3}$。

(5)面積公式：$\triangle ABC$ 面積 $= \dfrac{1}{2} \left| \begin{vmatrix} x_1 & x_1 & 1 \\ x_2 & y_2 & 1 \\ x_3 & y_3 & 1 \end{vmatrix} \right|$

(6)斜率（m）：$\overline{AB}$ 之斜率 $m = \dfrac{y_2 - y_1}{x_2 - x_1} = \tan\theta$

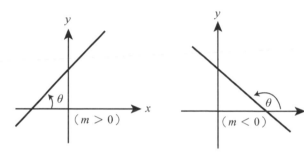

2. 凸多邊形面積：

設 n 邊形各頂點坐標 $A_1\,(x_1, y_1)$，$A_2\,(x_2, y_2)$，…，$A_n\,(x_n, y_n)$ 依逆時針排列，則

面積 $= \dfrac{1}{2} \left| \begin{vmatrix} x_1 & x_2 & \cdots & x_n & x_1 \\ y_1 & y_2 & \cdots & y_n & y_1 \end{vmatrix} \right|$

焦點 5　直線方程式

1. 一般式：

$ax + by + c = 0$（a、b 不全為 0）

2. 點斜式：

過平面上任一點 (x_0, y_0)，斜率為 m 之直線方程式為

$$y - y_0 = m\,(x - x_0)$$

3. 兩點式：

過 (x_1, y_1)，(x_2, y_2) 之直線方程式為 $\dfrac{y - y_1}{x - x_1} = \dfrac{y_2 - y_1}{x_2 - x_1}$

4. 斜截式：

已知斜率 m，且 y 截距為 k 之直線方程式為 $y = mx + k$

5. 截距式：

已知 x、y 軸截距為 a、b 之直線方程式為 $\dfrac{x}{a} + \dfrac{y}{b} = 1$

🛡 直線 $ax + by + c = 0$ 之斜率為 $-\dfrac{a}{b}$，x、y 軸之截距各

為 $-\dfrac{c}{a}$、$-\dfrac{c}{b}$。

焦點 6 平面上的對稱點與應用

1. 給定一點 $P\,(x_0, y_0)$，則：

(1)

對稱軸	對稱點
原點	$(-x_0, -y_0)$
x軸	$(x_0, -y_0)$
y軸	$(-x_0, y_0)$

(2) 點 $P\,(x_0, y_0)$ 對直線 $L : ax + by + c = 0$ 之對稱點 Q

之坐標為 $\left(x_0 - \dfrac{2at}{a^2 + b^2}, \ y_0 - \dfrac{2bt}{a^2 + b^2}\right)$，且 $t = ax_0 + by_0 + c$。

(3) 點 $P\,(x_0, y_0)$ 對直線 $L : y = x$ 之對稱點為 (y_0, x_0)

(4)點 $P(x_0, y_0)$ 對直線 $L: y = -x$ 之對稱點為 $(-y_0, -x_0)$

2. 對稱的應用：

(1)設 A、B 兩點在直線 L 之同側，試在 L 上找一點 P 使得 $\overline{AP} + \overline{BP}$ 之值為最小。

⇒作 A 對 L 之對稱點 A'，連 $\overleftrightarrow{A'B}$ 交 L 於 P 即得。

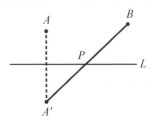

(2)設 A、B 兩點在直線 L 之異側，試在 L 上找一點 Q 使得 $|\overline{AQ} - \overline{BQ}|$ 之值為最大。

⇒作 A 對 L 之對稱點 A'，連 $\overleftrightarrow{A'B}$ 交 L 於 Q 即得。

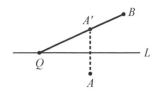

焦點 **7** │ $|x| + |y| = k$ 圖形

方　程　式	圖　形	中心	面積
$|x| + |y| = a \ (a > 0)$	正方形	$(0, 0)$	$2a^2$
$|x - h| + |y - k| = a$ $(a > 0)$	正方形	(h, k)	$2a^2$

$\alpha\lvert x\rvert+\beta\lvert y\rvert=a$ $(a>0，\alpha>0，\beta>0)$	$\begin{cases}\alpha=\beta\to 正\\\alpha\neq\beta\to 菱\end{cases}$	$(0，0)$	$\dfrac{2a^2}{\lvert\alpha\beta\rvert}$
$\alpha\lvert x-h\rvert+\beta\lvert y-k\rvert=a$ $(a>0，\alpha>0，\beta>0)$	$\begin{cases}\alpha=\beta\to 正\\\alpha\neq\beta\to 菱\end{cases}$	$(h，k)$	$\dfrac{2a^2}{\lvert\alpha\beta\rvert}$

焦點 8　根的性質

已知 a、b、$c\in R$，一元二次方程式 $ax^2+bx+c=0$ 之二根分別為 α、β，判別式 $\Delta=b^2-4ac$，則：

(1)兩相異實根 $\Leftrightarrow\Delta>0$

(2)兩相等實根 $\Leftrightarrow\Delta=0$

(3)兩共軛虛根 $\Leftrightarrow\Delta<0$

(4)二有理根 $\Leftrightarrow\Delta\geq 0$ 且 Δ 為完全平方數

(5)二正根 $\to\begin{cases}\Delta\geq 0\\\alpha+\beta>0\\\alpha\beta>0\end{cases}$

(6)二根大於 $k\to\begin{cases}\Delta\geq 0\\(\alpha-k)+(\beta-k)>0\\(\alpha-k)\cdot(\beta-k)>0\end{cases}$

焦點 9　根與係數的關係

若 α、β 為方程式 $ax^2+bx+c=0$ 之二根 $(a\neq 0)$，則

$\begin{cases}\alpha+\beta=-\dfrac{b}{a}\\\alpha\beta=\dfrac{c}{a}\end{cases}$，$\begin{cases}a\alpha^2+b\alpha+c=0\\a\beta^2+b\beta+c=0\end{cases}$。

焦點 **10** 餘式定理與因式定理

1. 餘式定理：

   設 $f(x) \in R[x]$，$\deg f(x) \geq 1$，$f(x)$ 除以 $(x-b)$ 之餘式為 $f(b)$，$f(x)$ 除以 $(ax-b)$ 之餘式為 $f(\frac{b}{a})$，$a \neq 0$。

2. 因式定理：

   設 $f(x) \in R[x]$，$a \cdot b \in R$，$a \neq 0$，$(ax-b)$ 為 $f(x)$ 之因式 $\Leftrightarrow f(\frac{b}{a}) = 0$。

焦點 **11** 零多項式定理

1. 零多項式定理：

   $f(x) = a_n x^n + a_{n-1} x^{n-1} + \cdots + a_1 x + a_0$，若至少存在 $(n+1)$ 個相異之 x 值，使 $f(x)$ 之值為 0，則 $a_n = a_{n-1} = \cdots = a_1 = a_0 = 0$。

2. 多項式之恆等定理：

   已知二多項式 $f(x) = a_n x^n + a_{n-1} x^{n-1} + \cdots + a_1 x + a_0$、$g(x) = b_n x^n + b_{n-1} x^{n-1} + \cdots + b_1 x + b_0$，若至少有 $(n+1)$ 個相異之 x 值，使 $f(x)$ 與 $g(x)$ 之值相等，則 $f(x) = g(x)$，即 $a_i = b_i$，$i = 0, 1, 2, \cdots, n$。

焦點 12 牛頓定理

1. 牛頓定理（有理根定理）：

$f(x) = a_n x^n + \cdots + a_2 x^2 + a_1 x + a_0 \in Z[x]$ 為整係數多項式，若 $f(x)$ 有 $(px + q)$ 之因式，則 $p \mid a_n$、$q \mid a_0$，p、$q \in Z$ 且 $(p, q) = 1$。

2. 輔助公式：

若 $px + q$ 為多項式 $f(x)$ 之因式，則 $p + q \mid f(1)$，$p - q \mid f(-1)$。

🈺 其逆不真！

焦點 13 二次函數及其圖形

1. 二次函數的標準式：

$$y = f(x)$$
$$= ax^2 + bx + c \ (a \cdot b \cdot c \in R \ 且 \ a \neq 0)$$
$$= a\left(x + \frac{b}{2a}\right)^2 + \frac{4ac - b^2}{4a}$$
$$= a(x - h)^2 + k$$
$$\left(令 h = -\frac{b}{2a},\ k = \frac{4ac - b^2}{4a}\right)$$

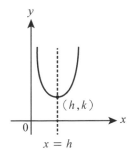

(1)圖形為一拋物線，且
$$\begin{cases} a > 0，開口向上 \\ a < 0，開口向下 \end{cases}$$
(2)頂點：(h, k)

(3)對稱軸：$x - h = 0$

(4)開口大小和 $|a|$ 成反比。

2. a、b、c 及 $D = b^2 - 4ac$ 之正負：

(1)$a \begin{cases} a > 0 \Leftrightarrow 開口向上 \\ a < 0 \Leftrightarrow 開口向下 \end{cases}$

(2)$b \begin{cases} 頂點在 y 軸之左 \Leftrightarrow -\dfrac{b}{2a} < 0 \\ 頂點在 y 軸之右 \Leftrightarrow -\dfrac{b}{2a} > 0 \\ 頂點在 y 軸上 \Leftrightarrow b = 0 \end{cases}$

(3)$c \begin{cases} 圖形與 y 軸相交於原點之上 \Leftrightarrow c > 0 \\ 圖形與 y 軸相交於原點之下 \Leftrightarrow c < 0 \\ 圖形與 y 軸相交於原點 \Leftrightarrow c = 0 \end{cases}$

(4)$D \begin{cases} 拋物線與 x 軸交於兩點 \Leftrightarrow D > 0 \\ 拋物線與 x 軸交於一點（相切）\Leftrightarrow D = 0 \\ 拋物線與 x 軸無交點 \Leftrightarrow D < 0 \end{cases}$

焦點 14 　二次函數的最大值與最小值

1. 二次函數的最大值與最小值：

$$y = f(x) = ax^2 + bx + c \Rightarrow y = a\left(x + \frac{b}{2a}\right)^2 - \frac{b^2 - 4ac}{4a}$$

(1)若 $a > 0$：當 $x = -\dfrac{b}{2a}$ 時，y 有最小值 $f\left(-\dfrac{b}{2a}\right) = -\dfrac{b^2 - 4ac}{4a}$

(2)若 $a < 0$：當 $x = -\dfrac{b}{2a}$ 時，y 有最大值 $f\left(-\dfrac{b}{2a}\right) = -\dfrac{b^2 - 4ac}{4a}$

2. $f(x) = \sum\limits_{k=1}^{n} (x - a_k)^2$ 之最小值：

若 $f(x) = (x - a_1)^2 + (x - a_2)^2 + (x - a_3)^2 + \cdots + (x - a_n)^2$，則當 $x = \dfrac{a_1 + a_2 + \cdots + a_n}{n}$時，$f(x)$ 最小。

焦點 15 ▶ 二次不等式

1. 二次不等式：

(1) $ax^2 + bx + c > 0$，$a > 0$，$\alpha > \beta$：

判別式	變　形	解
$D = b^2 - 4ac > 0$	$a\,(x - \alpha)\,(x - \beta) > 0$	$x > \alpha$ 或 $x < \beta$
$D = b^2 - 4ac = 0$	$a\,(x - \alpha)^2 > 0$	$x \in R$，$x \neq \alpha$
$D = b^2 - 4ac < 0$	$a\,(x + \dfrac{b}{2a})^2 + \dfrac{-D}{4a} > 0$	恆成立

(2) $ax^2 + bx + c < 0$，$a > 0$，$\alpha > \beta$：

判別式	變　形	解
$D = b^2 - 4ac > 0$	$a\,(x - \alpha)\,(x - \beta) < 0$	$\beta < x < \alpha$
$D = b^2 - 4ac = 0$	$a\,(x - \alpha)^2 < 0$	無解
$D = b^2 - 4ac < 0$	$a\,(x + \dfrac{b}{2a})^2 + \dfrac{-D}{4a} < 0$	無解

2. 實係數二次函數之恆值：

設函數 $f(x) = ax^2 + bx + c$（a、b、$c \in R$，$a \neq 0$），

$D = b^2 - 4ac$，$\forall x \in R$。

(1) $f(x) > 0$恆成立 $\Leftrightarrow a > 0$ 且 $D < 0$

(2)$f(x) \geq 0$恆成立$\Leftrightarrow a > 0$且$D \leq 0$

(3)$f(x) < 0$恆成立$\Leftrightarrow a < 0$且$D < 0$

(4)$f(x) \leq 0$恆成立$\Leftrightarrow a < 0$且$D \leq 0$

焦點 16 勘根定理

設$f(x) = 0$為一實係數方程式，若$f(a) \times f(b) < 0$，那麼a、b之間至少有$f(x) = 0$的一個實根。

焦點 17 共軛根定理

1. **共軛無理根定理：**

   設$f(x) \in Q[x]$，已知 a、b、$c \in Q$，$\sqrt{c}$ 為無理數，若$f(x) = 0$有$a + b\sqrt{c}$之根，則$f(x) = 0$必有$a - b\sqrt{c}$之根。

2. **共軛虛根定理：**

   (1)設 $z = x + yi$，x、$y \in R \Rightarrow \overline{z} = x - yi$，$|z| = \sqrt{x^2 + y^2}$

   (2)設$f(x) = a_n x^n + a_{n-1}x^{n-1} + \cdots + a_1 x + a_0$ 為一實係數 n 次方程式，且複數z為$f(x) = 0$的一根，則$\overline{z}$亦為$f(x) = 0$的一根。

   註 分布於R之奇次方程式至少有一實根。

焦點 **18** 條件不等式

1. 根式不等式：

(1) $\sqrt{f(x)} < g(x) \Leftrightarrow$

求 $f(x) \geq 0$，$g(x) > 0$，$f(x) < [g(x)]^2$ 三者之交集。

(2) $\sqrt{f(x)} > g(x) \Leftrightarrow$

$$\begin{cases} f(x) \geq 0 \cdots\cdots ① \\ \begin{cases} g(x) \geq 0 \text{ 與 } f(x) > [g(x)]^2 \text{求交集} \cdots\cdots ② \\ g(x) < 0 \cdots\cdots ③ \end{cases} \end{cases}$$

先求 ② ∪ ③，再與 ① 求交集即可得解。

2. 分式不等式：

(1) 先利用移項通分求新分子

(2) 再求（新分子）‧（原分母）$\gtrless 0$ 之解集合

焦點 **19** 算幾不等式

1. 定理：

$\forall a_1, a_2, \cdots, a_n \in R^+ \cup \{0\}$（非負實數），則

$$\frac{a_1 + a_2 + \cdots + a_n}{n} \geq \sqrt[n]{a_1 a_2 \cdots a_n}$$

2. 特性：

(1) 一式為乘式，一式為加式，且必有一式為已知數時使用。

(2) 配式時：以乘式為主來配式且平均分配之。

(3) 等號成立時：$a_1 = a_2 = \cdots = a_n$。

焦點 20 指數函數

設函數 f 由 $R \to R^+$ 其定義為 $x \to a^x$（其中 $a > 0$，且 $a \neq 1$，$x \in R$），則稱 f 為以 a 為底之指數函數，記成 $f(x) = a^x$。

(1)函數圖形：

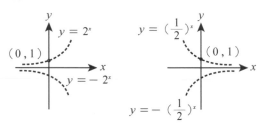

(2)指數律：

① $a^m \cdot a^n = a^{m+n}$

② $\dfrac{a^m}{a^n} = a^{m-n}$

③ $(a^m)^n = a^{mn}$

④ $a^{-n} = \dfrac{1}{a^n}$

⑤ $a^{\frac{1}{n}} = \sqrt[n]{a}$

焦點 21 對數函數

設 $a \neq 1 > 0$，對於正實數 b，若存在一實數 x，滿足 $a^x = b$，則稱 x 是以 a 為底 b 的對數，記成 $x = \log_a b$。

(1) $a^x = b \Leftrightarrow x = \log_a b$

(2) $\log_a b$ 有意義：$\begin{cases} a > 0 \\ b > 0 \\ a \neq 1 \end{cases}$

(3)對數函數圖形：

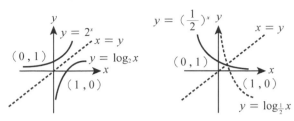

對數運算公式

(1)次冪原理：$\log_a b^n = n \log_a b$

(2)加法運算：$\log_a AB = \log_a A + \log_a B$

(3)減法運算：$\log_a \dfrac{A}{B} = \log_a A - \log_a B$

(4)換底公式：$\log_a b = \dfrac{\log b}{\log a} = \dfrac{\log_c b}{\log_c a}$

(5)同底相消公式：$a^{\log_a b} = b$

(6)連鎖原理：$\log_a b \cdot \log_b c \cdot \log_c d = \log_a d$

(7)同步原理：$\log_a b = \log_{a^2} b^2 = \log_{\sqrt{a}} \sqrt{b} = \log_{\frac{1}{a}} \dfrac{1}{b}$

(8)倒數關係：$\log_a b = \dfrac{1}{\log_b a}$

(9)同值原理：$a^{\log_b x} = x^{\log_b a}$

指對數不等式

1. 指數不等式解法：

(1)若 $a > 1$，欲解 $a^{f(x)} > a^{g(x)} \Rightarrow f(x) > g(x)$

(2)若 $0 < a < 1$，欲解 $a^{f(x)} > a^{g(x)} \Rightarrow f(x) < g(x)$

2. 對數不等式解法：

(1)若 $a > 1$，欲解 $\log_a f(x) > \log_a g(x)$

$$\Rightarrow \begin{cases} f(x) > 0 \\ g(x) > 0 \\ f(x) > g(x) \end{cases}$$

(2)若 $0 < a < 1$，欲解 $\log_a f(x) > \log_a g(x)$

$$\Rightarrow \begin{cases} f(x) > 0 \\ g(x) > 0 \\ f(x) < g(x) \end{cases}$$

焦點 **24** 首尾數應用

當 $x = a \cdot 10^n$，$n \in Z$，$1 \le a < 10$，則 $\log x = n + \log a$。其中，n 為首數，$\log a$ 為尾數，且 $0 \le \log a < 1$。

(1)首數與位數之關係：

位　　數	首　　數
整數部分為 n 位數	$n - 1$
純小數且至小數點後第 n 位才不為 0	$- n$

(2)尾數之特性：尾數相同者 $\Leftrightarrow$ 數字排列次序相同。

(3)首數決定幾位數，尾數決定排列次序。

(4) x 為 n 位數 $\Leftrightarrow n - 1 \le \log x < n$

(5) $\log x$ 之首數為 $n \Leftrightarrow n \le \log x < n + 1$

$$\Leftrightarrow \log x = n + b，0 \le b < 1$$

焦點 **25** 敘述與命題

1. 敘述與命題：

能夠明確判斷對錯的數學語句稱為敘述。設 p、q 為二敘述，形如「若 p，則 q」稱為命題，記作 $p \rightarrow q$；p 稱為前提，q 稱為結論。

2. 命題的形態：

命題常用「若…，則…」的形式表示，其形態有下列四種：

命題名稱	命　題	符　號
(1)原命題	若 p 則 q	$p \rightarrow q$
(2)逆命題	若 q 則 p	$q \rightarrow p$
(3)否命題	若非 p 則非 q	$\sim p \rightarrow \sim q$
(4)逆否命題	若非 q 則非 p	$\sim q \rightarrow \sim p$

(1)、(4)同真或同假（同義命題）

(2)、(3)同真或同假

註 等價命題：兩命題和它的否逆命題必同為真或同為偽，此時兩命題為等價命題，即：

(1) $p \rightarrow q$ 與 $\sim q \rightarrow \sim p$ 是等價

(2) $\sim (p \rightarrow q)$ 與 $p \wedge \sim q$ 為等價（$\wedge$：且）

3. 真值表：

設 T 表真，F 表假，「$p \wedge q$」表「p 且 q」，「$p \vee q$」表「p 或 q」，則其真值表為：

p	q	$p \wedge q$	$p \vee q$	$\sim p$	$\sim q$	$\sim p \wedge \sim q$	$\sim (p \vee q)$	$\sim p \vee \sim q$	$\sim (p \wedge q)$
T	T	T	T	F	F	F	F	F	F
T	F	F	T	F	T	F	F	T	T
F	T	F	T	T	F	F	F	T	T
F	F	F	F	T	T	T	T	T	T

　　　　　　　　　　　　　↑　　　↑　　　　　↑　　　↑

　　　　　　　　　　　　　　同義　　　　　　　同義

焦點 26　集合的運算

1. 交集：

$A \cap B = \{ x \mid x \in A$ 且 $x \in B \}$，如右圖，滿足：

(1) $A \cap B = B \cap A$

(2) $A \cap (B \cap C) = (A \cap B) \cap C$

(3) $A \cap \phi = \phi$

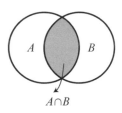

$A \cap B$

2. 聯集：

$A \cup B = \{ x \mid x \in A$ 或 $x \in B \}$，如右圖，滿足：

(1) $A \cup B = B \cup A$

(2) $A \cup (B \cup C) = (A \cup B) \cup C$

(3) $A \cup \phi = A$

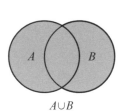

$A \cup B$

3. 差集：

$A - B = \{ x \mid x \in A$ 但 $x \notin B \}$，如下圖，滿足：

(1) $A - (B \cap C)$

$= (A - B) \cup (A - C)$

(2) $A - (B \cup C)$

$= (A - B) \cap (A - C)$

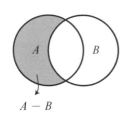

$A - B$

焦點 27　有限集合元素個數的求法

(1) $n(A \cup B) = n(A) + n(B) - n(A \cap B)$

(2) $n(A \cap B) = n(A) + n(B) - n(A \cup B)$

(3) $n(A \cup B \cup C) = n(A) + n(B) + n(C) - n(A \cap B)$

$- n(B \cap C) - n(C \cap A) + n(A \cap B \cap C)$

(4) $n(A - B) = n(A) - n(A \cap B)$

焦點 28　函數的基本概念

1. 函數定義：

　假設 A、B 為兩非空集合，若對於 A 中的每一個元素 x，
在 B 中恰有一個元素 y 與之對應，此種對應的方式 f 為
自 A 映至 B 的函數。

　(1) A 稱為定義域，B 稱為值域。

　(2) 記作 $f : A \rightarrow B$ 或以 $y = f(x)$ 表示。

2. 函數值（像）：

　設 $f : A \rightarrow B$ 而 $x \in A$，則 x 在 B 中的
對應元素 y 稱 x 之函數值或像，以
$f(x)$ 表 x 對函數 f 之像（函數值）。

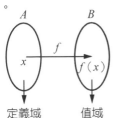

3. 值域：

設 $f: A \to B$，則 A 中一切元素之像的集合稱 f 之值域，以 $f(A)$ 表示，$f(A) = \{ f(x) \mid x \in A \}$ 為函數 f 之值域。

4. 映成函數：

函數 $f: A \to B$ 滿足 $f(A) = B$，則稱函數 f 為映成函數。

5. 一對一函數：

函數 $f: A \to B$ 滿足 $x_1 \neq x_2 \Rightarrow f(x_1) \neq f(x_2)$，則稱函數 f 為一對一函數。

焦點 29 雜級數公式

(1) $\displaystyle\sum_{k=1}^{n} k = 1 + 2 + 3 + \cdots + n = \frac{n(n+1)}{2}$

(2) $\displaystyle\sum_{k=1}^{n} k^2 = 1^2 + 2^2 + \cdots + n^2 = \frac{n(n+1)(2n+1)}{6}$

(3) $\displaystyle\sum_{k=1}^{n} k^3 = 1^3 + 2^3 + \cdots + n^3 = [\frac{n(n+1)}{2}]^2$

(4) $\displaystyle\sum_{k=1}^{n} 1 = n$

焦點 30 分項對消公式

1. 分式型自然數列求和之常用分項法（n 為正整數）：

(1) $\dfrac{1}{n(n+1)} = \dfrac{1}{n} - \dfrac{1}{n+1}$

(2) $\dfrac{1}{n(n+2)} = \dfrac{1}{2}(\dfrac{1}{n} - \dfrac{1}{n+2})$

(3) $\dfrac{1}{n(n+1)(n+2)}$

$= \dfrac{1}{2}[\dfrac{1}{n(n+1)} - \dfrac{1}{(n+1)(n+2)}]$

(4) $\dfrac{1}{n(n+1)(n+2)(n+3)}$

$= \dfrac{1}{3}[\dfrac{1}{n(n+1)(n+2)} - \dfrac{1}{(n+1)(n+2)(n+3)}]$

2. 分項對消公式：

(1) $\displaystyle\sum_{k=1}^{n} \dfrac{1}{k(k+1)} = 1 - \dfrac{1}{n+1}$

(2) $\displaystyle\sum_{k=1}^{n} \dfrac{1}{k(k+1)(k+2)}$

$= \dfrac{1}{2}[\dfrac{1}{1 \times 2} - \dfrac{1}{(n+1)(n+2)}]$

(3) $\displaystyle\sum_{k=1}^{n} \dfrac{1}{k(k+1)(k+2)(k+3)}$

$= \dfrac{1}{3}[\dfrac{1}{6} - \dfrac{1}{(n+1)(n+2)(n+3)}]$

(4) $\displaystyle\sum_{k=1}^{n} \dfrac{k}{(k+1)!} = 1 - \dfrac{1}{(n+1)!}$

註 有關相消法問題之拆項，平時演練、記憶加上理解，才可得心應用。

焦點 31 等差、等比公式

1. 等差數列、等差級數：

設 $< a_n > = a_1, a_2, \cdots, a_n$ 是以 a_1 為首項，d 為公差之等差數列；$\displaystyle\sum_{k=1}^{n} a_k$ 為等差級數。

(1) $a_n = a_1 + (n-1)d$

(2)首 n 項和 $S_n = \dfrac{n[2a_1 + (n-1)d]}{2} = \dfrac{n(a_1 + a_n)}{2}$

(3)若 $a_n \neq 0$，則 $< \dfrac{1}{a_n} >$ 為調和數列。

2. 等比數列、等比級數：

設 $< a_n > = a_1, a_2, \cdots, a_n$ 是以 a_1 為首項，r 為公比之等比

數列；$\sum\limits_{k=1}^{n} a_k$ 為等比級數。

(1) $a_n = a_1 r^{n-1}$

(2) $S_n = \begin{cases} \dfrac{a_1(r^n - 1)}{r - 1} & , \text{當 } r \neq 1 \\ na_1 & , \text{當 } r = 1 \end{cases}$

3. 等差、等比中項：

(1) a、b、c 成等差 $\Leftrightarrow b = \dfrac{a+c}{2}$

(2) a、b、c 成等比 $\Leftrightarrow b^2 = ac$

焦點 32　數學歸納法

1. 推測一般性：

由 $n = 1$，$n = 2$，$n = 3$，$\cdots$ 歸納出一般性結果。

2. 證明一般性之成立：

(1)數學歸納法第一原理：

①當 $n = 1$ 時，證明成立。

②設 $n = k$ 時原式成立，證明當 $n = k + 1$ 時，原式
亦成立。

綜①②知，$\forall n \in N$ 原式均成立。

(2)數學歸納法第二原理：

　①當 $n = 1$、2 時，證明成立。

　②設 $n = k$、$k + 1$ 時原式成立，證明當 $n = k + 2$ 時，原式亦成立。

　綜①②知，$\forall n \in N$ 原式均成立。

註「$\forall$」符號的意思為「對於所有」

　$\therefore \forall n \in N \rightarrow$ 對於所有 n 屬於自然數 N

焦點 **33** 無窮等比級數

1. 無窮等比數列的極限：

(1) $\displaystyle\lim_{n \to \infty} r^n = \begin{cases} 0 & ：當 -1 < r < 1 時 \\ 1 & ：當 r = 1 時 \\ 發散 & ：其他時 \end{cases}$

(2)運算性質：設 $<a_n>$，$<b_n>$ 為二個無窮收斂的數列，且 $\displaystyle\lim_{n \to \infty} a_n = \alpha$，$\displaystyle\lim_{n \to \infty} b_n = \beta$

則 $\displaystyle\lim_{n \to \infty} [a_n \overset{+}{\underset{\div}{\times}} b_n] = (\lim_{n \to \infty} a_n) \overset{+}{\underset{\div}{\times}} (\lim_{n \to \infty} b_n) = \alpha \overset{+}{\underset{\div}{\times}} \beta$

2. 無窮等比級數求和：

(1)無窮級數：

　①先求首 n 項之和 S_n

　②再求 $\displaystyle\lim_{n \to \infty} S_n$ 即可

(2)無窮等比級數：$\displaystyle\sum_{n=1}^{\infty} ar^{n-1} = a + ar + ar^2 + \cdots = \dfrac{a}{1-r}$

（$|r| < 1$）

(3)無窮雜級數：$\sum\limits_{n=1}^{\infty} nr^n = r + 2r^2 + 3r^3 + \cdots = \dfrac{r}{(1-r)^2}$

（$|r| < 1$）

註 比較觀念：

①無窮等比數列收斂之充要條件 $\Leftrightarrow -1 < r \leq 1$

②無窮等比級數收斂之充要條件 $\Leftrightarrow -1 < r < 1$

焦點 34 ▸ 直線排列

1. 不重複排列：

自 n 個相異物，每次取 m 個來排列的方法數為

$P_m^n = \dfrac{n!}{(n-m)!}$ （$n \geq m$）

2. 重複排列：

自 n 個相異物，每次取 m 個來排列，事物可以重複，其重複排列數為 n^m。

3. 限制排列：

(1) n 人中 A 必須排首：$(n-1)!$

(2) n 人中 A 不排首：$n! - (n-1)!$

(3) n 人中 A 不排首，B 不排二：

$n! - C_1^2(n-1)! + C_2^2(n-2)!$

(4) n 人中 A 不排首，B 不排二，C 不排三：

$n! - C_1^3(n-1)! + C_2^3(n-2)! - C_3^3(n-3)!$

(5) n 人中 k 人受限制之排法為：

$n! - C_1^k(n-1)! + C_2^k(n-2)! - C_3^k(n-3)! + \cdots$

焦點 **35** 捷徑問題

1. 不盡相異物之排列：

   (1)在 n 個物件中，第一類有 n_1 個，第二類有 n_2 個，…，第 k 類有 n_k 個，且 $n_1 + n_2 + \cdots + n_k = n$，則全取之排列為：$\dfrac{n!}{n_1! \, n_2! \cdots n_k!}$

   (2) $a_1, a_2, \cdots, a_n$ 排列中 $a_1, a_2, \cdots, a_k$ 次序不改變之方法有 $\dfrac{n!}{k!}$

2. 捷徑問題：

   m 條橫街與 n 條縱街之走法有 $\dfrac{(m + n - 2)!}{(m - 1)! \, (n - 1)!}$

焦點 **36** C_m^n 與 H_m^n 應用

1. 組合問題：

   (1)不重複組合：自 n 個相異物，每次取 m 個來組合的組合數：$C_m^n = \dfrac{n!}{(n - m)! \, m!}$（$n \geq m$）

   (2)重複組合：自 n 個相異物，每次取 m 個事物來組合，各物可以重複選取的重複組合數為 $C_m^{n + m - 1} = H_m^n$

2. 係數 1 之線性方程式：

   (1)方程式 $x + y + z + t = 20$ 之非負整數解計 H_{20}^4 組

   (2)方程式 $x + y + z + t = 20$ 之正整數解計 H_{16}^4 組

   (3)方程式 $x + y + z + t = 20$ 之正偶數解計 H_6^4 組

   (4)方程式 $x + y + z + t = 20$ 之正奇數解計 H_8^4 組

(5) $(x_1 + x_2 + \cdots + x_n)^m$ 展開式中不同類項有 H_m^n 個

焦點 37 ◀ 函數個數

$f : A \to B$ 是一個函數，$n(A) = m$，$n(B) = n$，則：

(1)映至函數有 n^m 個

(2)一對一函數有 P_m^n 個（其中 $n \geq m$）

(3)映成（蓋射）函數有 $n^m - C_1^n (n-1)^m + C_2^n (n-2)^m - C_3^n (n-3)^m + \cdots + (-1)^n C_n^n 0^m$（其中 $m \geq n$）

(4)一對一且映成函數（對射）有 $n!$

(5)增函數（或減函數）有 H_m^n

(6)嚴格增函數（或嚴格減函數）有 C_m^n（$n \geq m$）

焦點 38 ◀ 巴斯卡定理

(1)巴斯卡定理：$C_m^n = C_m^{n-1} + C_{m-1}^{n-1}$

(2)組合總數：$C_0^n + C_1^n + C_2^n + \cdots + C_n^n = 2^n$

(3)$C_0^n + C_2^n + C_4^n + \cdots = C_1^n + C_3^n + C_5^n + \cdots$

(4)$C_1^n + 2C_2^n + 3C_3^n + 4C_4^n + \cdots + nC_n^n = n \cdot 2^n - 1$

(5)$C_0^n + \dfrac{1}{2}C_1^n + \dfrac{1}{3}C_2^n + \cdots + \dfrac{1}{n+1}C_n^n = \dfrac{1}{n+1}(2^{n+1} - 1)$

焦點 39 ◀ 二項式定理

(1) $(1 + x)^n = C_0^n + C_1^n x + C_2^n x^2 + \cdots + C_n^n x^n$

(2) $(x + y)^n = C_0^n x^n + C_1^n x^{n-1} y + \cdots + C_n^n y^n$

(3) $(x + y)^n$ 展開共有 $(n + 1)$ 項

(4) $(x + y)^n$ 第 $(r + 1)$ 項 $= C_r^n x^{n-r} y^r$

(5) $(x_1 + x_2 + \cdots + x_m)^n$

$$= \Sigma \frac{n!}{a_1! \, a_2! \cdots a_m!} \, (x_1)^{a_1} \, (x_2)^{a_2} \cdots (x_n)^{a_n} \cdots (x_m)^{a_m}$$

其中 $a_1 + a_2 + \cdots + a_m = n$ 且 $0 \leq a_1, a_2, \cdots, a_m \leq n$

焦點 40 古典機率

設 H 為樣本空間 S 之一事件,則事件 H 發生的機率為 $P(H)$,且 $P(H) = \dfrac{n(H)}{n(S)}$。

(1) $P(S) = 1$,$P(\phi) = 0$,$0 \leq P(A) \leq 1$

(2) $P(A \cup B) = P(A) + P(B) - P(A \cap B)$

(3) 若 $A \cap B = \phi$,則 $P(A \cup B) = P(A) + P(B)$,此時 A 與 B 稱為互斥事件。

(4) $P(A') = 1 - P(A)$

焦點 41 機率之應用

1. 條件機率:

$A \cdot B \subset S$ 且 $P(A) > 0$,則在 A 事件發生的條件下,B 事件發生的機率為 $P(B \mid A)$,且 $P(B \mid A) = \dfrac{P(A \cap B)}{P(A)}$ $= \dfrac{n(A \cap B)}{n(A)}$。

2. 貝氏定理：

若A_1、A_2、A_3、A_4、A_5為樣本空間S上的任意五個非空互斥事件，而且$A_1 \cup A_2 \cup A_3 \cup A_4 \cup A_5 = S$。若$B \subset S$，則$P(B) = P(A_1 \cap B) + P(A_2 \cap B) + P(A_3 \cap B) + P(A_4 \cap B) + P(A_5 \cap B)$。

3. 獨立事件：

A、$B \subset S$且A、B為獨立事件，則：

(1)$P(A \cap B) = P(A) \times P(B)$

(2)$P(A' \cap B) = P(A') \times P(B)$

$P(A \cap B') = P(A) \times P(B')$

(3)$P(A' \cap B') = P(A') \times P(B')$

(4)$P(B \mid A) = P(B)$，$P(A \mid B) = P(A)$

焦點 42 重複試驗

設在某試驗中，一事件成功之機率為p，失敗之機率為q，則連續試驗n次中：

(1)二項分配：恰有r次成功之機率$= C_r^n p^r q^{n-r}$

(2)n次均成功之機率$= p^n$

(3)至少成功一次機率$= 1 - (1-p)^n = 1 - q^n$

焦點 43 算術平均數

1. 由未分組資料求算術平均數：

$x_1, x_2, \cdots, x_n$ 共 n 個數值，其算術平均數

$$M = \frac{1}{n}(x_1 + x_2 + \cdots + x_n) = \frac{1}{n}\sum_{i=1}^{n} x_i$$

2. 由已分組資料求算術平均數：

(1)普通式：

變量 x	$x_1, x_2, \cdots, x_k$	總計
次數 f	$f_1, f_2, \cdots, f_k$	n

$$M = \frac{1}{n}(f_1 x_1 + f_2 x_2 + \cdots + f_k x_k) = \frac{1}{n}\sum_{i=1}^{k} f_i x_i$$

(2)將變量的起點平移至 A，則平移變量：

$$M = \frac{1}{n}\sum_{i=1}^{k} f_i x_i = \frac{1}{n}\sum_{i=1}^{k} f_i[A + (x_i - A)]$$

$$= \frac{1}{n}\sum_{i=1}^{k} f_i A + \frac{1}{n}\sum_{i=1}^{k} f_i(x_i - A)$$

$$= A + \frac{1}{n}\sum_{i=1}^{k} f_i d_i$$

其中 $d_i = x_i - A$

(3)平移且縮小變量：

$$M = A + \frac{1}{n}\sum_{i=1}^{k} f_i(x_i - A) = A + \frac{h}{n}\sum_{i=1}^{k} f_i\left(\frac{x_i - A}{h}\right)$$

$$= A + \frac{h}{n}\sum_{i=1}^{k} f_i d_i', \text{ 其中 } d_i' = \frac{x_i - A}{h}$$

焦點 44 中位數

一群數值按大小順序排列，位置居中者稱之中位數 Me。

(1)未分組資料（奇數個）：$Me = $ 中央數

(2)未分組資料（偶數個共 $2k$）：$Me = \dfrac{x_k + x_{k+1}}{2}$

(3)已分組資料求中位數：

已知 $0 \longmapsto\!\!\!\!\!\!\!\!\!\underset{C_{i-1}}{|}\!\!\!\!\!\!\!\!\underset{\frac{n}{2}}{|}\!\!\!\!\!\!\!\!\underset{C_i}{|}$ 累積次數

$0 \longmapsto\!\!\!\!\!\!\!\!\!\underset{L_i}{|}\!\!\!\!\!\!\!\!\underset{Me}{|}\!\!\!\!\!\!\!\!\underset{U_i}{|}$ 變量

利用內插法：$\dfrac{Me - L_i}{U_i - L_i} = \dfrac{\dfrac{n}{2} - C_{i-1}}{C_i - C_{i-1}}$

故 $Me = L_i + \dfrac{\dfrac{n}{2} - C_{i-1}}{C_i - C_{i-1}}\ (U_i - L_i)$ 或

$Me = U_i - \dfrac{C_i - \dfrac{n}{2}}{f_i}\ (U_i - L_i)$

(4)中位數 Me 特性：

①一組數值資料中，其中位數與各數值差之絕對值總和為最少，意即 $\Sigma\,|x_i - Me| \leq \Sigma\,|x_i - x|$，其中 x 為任意數，而 $\Sigma\,|x_i - x|$ 之最小值產生在 $x = Me$ 時。

②中位數表示一群數值資料之中心，不受極端值影響，不受使用者主觀影響，但不能用代數方法處理。

焦點 45 四分位距

1. 常用差量：

全距、四分位距、標準差為常用差量，算法不同但共同特徵：值愈大群體數值分散必大；反之，值小必然密集。

2. 四分位距：

第 3 四分位距與第 1 四分位距的差值，以

$\underset{\frac{n}{4}}{\overset{Q_1}{|}}\!\!\!\!\!\!\!\!\!\!\!\!\!\!\longmapsto\!\!\!\!\!\!\!\!\!\underset{\frac{n}{2}}{\overset{Me}{|}}\!\!\!\!\!\!\!\!\!\!\!\!\!\!\longmapsto\!\!\!\!\!\!\!\!\!\underset{\frac{3n}{4}}{\overset{Q_3}{|}}$

$Q.D.$ 表之，即 $Q.D. = Q_3 - Q_1$

3. 四分位距特性：

(1)受隨機抽樣不確定性的影響較少。

(2)感應不靈敏，只根據 Q_1、Q_3 而決定，忽視兩旁 50 % 之資料。

(3)判斷資料集中或分散情形的優良性：全距＜四分位距 ＜標準差。

4. 四分位距求法：

(1)由未分組資料：$x_1 \le x_2 \le x_3 \le \cdots \le x_n$，$n$ 為 $2m$ 或 $2m + 1$。

① $m = 2k + 1$ 時，$Q_1 = x_{k+1}$，$Q_3 = x_{n-k}$：

$\therefore Q.D. = x_{n-k} - x_{k+1}$

② $m = 2k$ 時，$Q_1 = \dfrac{1}{2} (x_k + x_{k+1})$，

$Q_3 = \dfrac{1}{2} (x_{n-k} + x_{n-k+1})$：

$\therefore Q.D. = \dfrac{1}{2} (x_{n-k} + x_{n-k+1} - x_k - x_{k+1})$

(2)由分組資料依 $Q_i = L_{Q_i} + \dfrac{\dfrac{n}{4}i - C_{Q_i}}{f_{Q_i}} \cdot h_{Q_i}$ 求出 Q_1 與 Q_3

$\therefore Q.D. = Q_3 - Q_1$

$\begin{cases} Q_i : 第\ i\ 四分位數 \\ n : 總次數 \\ L_{Q_i} : Q_i 所在組之下限 \\ C_{Q_i} : 較\ L_{Q_i} 小的累加次數 \\ f_{Q_i} : Q_i 所在組之次數 \\ h_{Q_i} : L_{Q_i} 所在組之組距 \end{cases}$

焦點 46 標準差與變異數

1. 標準差：

各項數值與算術平均數差之平方和的平均數之平方根，以 S 表示。

(1)未分組：$S = \sqrt{\dfrac{1}{n} \sum\limits_{i=1}^{n} (X_i - \overline{X})^2} = \sqrt{\dfrac{1}{n} \sum\limits_{i=1}^{n} X_i^2 - \overline{X}^2}$

(2)已分組：$S = \sqrt{\dfrac{1}{n} \sum\limits_{i=1}^{n} f_i (X_i - \overline{X})^2} = \sqrt{\dfrac{1}{n} \sum\limits_{i=1}^{n} f_i X_i^2 - \overline{X}^2}$

$= h \sqrt{\dfrac{1}{n} \sum\limits_{i=1}^{k} f_i d_i^2 - (\dfrac{1}{n} \sum\limits_{i=1}^{k} f_i d_i)^2}$

2. 變異數：

所有資料與算術平均數差的平方和的平均，即 S^2。

3. 線性變化：

(1) $S^2(ax) = a^2 S^2(x) \Rightarrow a$ 倍變換則變異數 a^2 倍

(2) $S^2(x+b) = S^2(x) \Rightarrow$ 平行變換則變異數值不變

(3) $S(ax+b) = |a| S(x)$

焦點 47 相關係數與迴歸直線

1. 相關係數：

(1)設有 n 筆資料 (x_1, y_1)，(x_2, y_2)，$\cdots$，(x_n, y_n)，則變數 x、y 之相關係數 r 定義為

$r = \dfrac{S_{xy}}{\sqrt{S_{xx}}\sqrt{S_{yy}}} = \dfrac{S_{xy}}{n S_x S_y}$，其中 $S_{xy} = \sum\limits_{i=1}^{n} (x_i - \overline{x})(y_i - \overline{y})$

$S_{xx} = \sum\limits_{i=1}^{n} (x_i - \overline{x})^2$，$S_{yy} = \sum\limits_{i=1}^{n} (y_i - \overline{y})^2$，$-1 \le r \le 1$。

(2)設 X、Y 之相關係數 r：令 $X' = aX + b$，$Y' = cY + d$，而 X'、Y' 之相關係數為 r'，其中 a、c 均不為 0 且 b、d 為任意實數，則：

①當 $ac > 0$ 時，$r = r'$。

②當 $ac < 0$ 時，$r = -r'$。

2. 迴歸直線：

設有 n 筆資料 (x_1, y_1)，(x_2, y_2)，…，(x_n, y_n)，且變數 x、y 之相關係數為 r，則迴歸直線為

$y - \overline{y} = m(x - \overline{x})$，其中 $m = \dfrac{S_{xy}}{S_{xx}} = r\dfrac{S_y}{S_x}$（迴歸係數）

$S_{xy} = \sum\limits_{i=1}^{n}(x_i - \overline{x})(y_i - \overline{y})$，$S_{xx} = \sum\limits_{i=1}^{n}(x_i - \overline{x})^2$

焦點 48 期望值與變異數

(1)作某試驗，約定

獎金	x_1 x_2 $\cdots$ x_n
機率	p_1 p_2 $\cdots$ p_n

則變數 X 的期望值 $= \mu = E(X) = x_1 p_1 + x_2 p_2 + \cdots + x_n p_n$

(2) 變數 X 的變異數 $Var(X) = \sum\limits_{i=1}^{n} p_i (x_i - \mu)^2 = E(X^2) - [E(X)]^2$

(3)變數 X 的標準差 $\sigma = \sqrt{Var(X)}$

(4)線性變換：

① $E(aX + b) = aE(X) + b$

② $Var\,(aX + b) = a^2 Var\,(X)$

③ $\sigma\,(aX + b) = |\,a\,|\,\sigma\,(X)$

焦點 49 ▶ 二項分布

1. 二項分布：

設一個伯努利試驗中成功的機率為 $p\,(0 < p < 1)$，重複此試驗 n 次，以隨機變數 X 表示成功的次數，則 n 次中成功 k 次的機率為 $P\,(X = k) = C_k^n p^k\,(1 - p)^{n-k}$，其中 $k = 0, 1, \cdots, n$，這樣的機率分布稱為 (n, p) 的二項分布。

(1) X 的期望值 $E(X) = np$

(2) X 的變異數 $Var\,(X) = np\,(1 - p)$

(3) X 的標準差 $\sigma(X) = \sqrt{np\,(1 - p)}$

2. 二項分布與常態分布：

參數是 (n, p) 的二項分布中，以隨機變數 X 表示成功的次數，則：

(1) 平均數 $\mu = np$

(2) 標準差 $\sigma = \sqrt{np\,(1 - p)}$

3. 成功比率的期望值與標準差：

參數是 (n, p) 的二項分配中，以隨機變數 Y 表示成功的比率，則：

(1) Y 的期望值 $E(Y) = p$

(2) Y 的標準差 $\sigma(Y) = \sqrt{\dfrac{p\,(1 - p)}{n}}$

4. 中央極限定理：

參數是 (n, p) 的二項分布中，當試驗的次數 n 足夠大時，成功比率經標準化後的機率分布會近似於標準常態分布（即平均數是 0，標準差是 1 的常態分布）。

焦點 50 抽樣誤差與信賴區間

(1)設有 n 個有效樣本數，其抽樣誤差為 $\sqrt{\dfrac{\hat{p}(1-\hat{p})}{n}}$，其中 $\hat{p} = \dfrac{樣本中滿意的人數}{n}$。

(2)在 95 ％的信心水準下信賴區間為 $\left(\hat{p} - 2\sqrt{\dfrac{\hat{p}(1-\hat{p})}{n}}, \hat{p} + 2\sqrt{\dfrac{\hat{p}(1-\hat{p})}{n}}\right)$。

焦點 51 正弦、餘弦定理

1. 特別三角函數值：

	15°	18°	36°	54°	72°	75°
sin	$\dfrac{\sqrt{6}-\sqrt{2}}{4}$	$\dfrac{\sqrt{5}-1}{4}$	$\dfrac{\sqrt{10-2\sqrt{5}}}{4}$	$\dfrac{\sqrt{5}+1}{4}$	$\dfrac{\sqrt{10+2\sqrt{5}}}{4}$	$\dfrac{\sqrt{6}+\sqrt{2}}{4}$
cos	$\dfrac{\sqrt{6}+\sqrt{2}}{4}$	$\dfrac{\sqrt{10+2\sqrt{5}}}{4}$	$\dfrac{\sqrt{5}+1}{4}$	$\dfrac{\sqrt{10-2\sqrt{5}}}{4}$	$\dfrac{\sqrt{5}-1}{4}$	$\dfrac{\sqrt{6}-\sqrt{2}}{4}$

2. 正弦定律：

$$\frac{a}{\sin A} = \frac{b}{\sin B} = \frac{c}{\sin C} = 2R \quad (R \text{ 為 } \triangle ABC \text{ 之外接圓半徑})$$

3. 餘弦定律：

$$\begin{cases} a^2 = b^2 + c^2 - 2bc\cos A \Rightarrow \cos A = \dfrac{b^2 + c^2 - a^2}{2bc} \\[2mm] b^2 = a^2 + c^2 - 2ac\cos B \Rightarrow \cos B = \dfrac{a^2 + c^2 - b^2}{2ac} \\[2mm] c^2 = a^2 + b^2 - 2ab\cos C \Rightarrow \cos C = \dfrac{a^2 + b^2 - c^2}{2ab} \end{cases}$$

焦點 52 面積公式

(1) $\triangle = \dfrac{1}{2}bc\sin A = \dfrac{1}{2}ca\sin B = \dfrac{1}{2}ab\sin C$（已知兩邊及夾角）

(2) 海龍公式：$\triangle = \sqrt{s(s-a)(s-b)(s-c)}$

　　（已知三邊且 $s = \dfrac{a+b+c}{2}$）

(3) $\triangle = \dfrac{abc}{4R}$，$R$ 為三角形外接圓半徑

(4) $\triangle = rs$，r 為三角形內切圓半徑，$s = \dfrac{a+b+c}{2}$

焦點 53 投影定律

$\triangle ABC$ 中，a、b、c 為 $\angle A$、$\angle B$、$\angle C$ 所對之邊長，則

$$\begin{cases} a = b\cos C + c\cos B \\ b = c\cos A + a\cos C \\ c = a\cos B + b\cos A \end{cases}$$

焦點 54 分角線與中線公式

1. 分角線長 t_a 公式：

$$t_a = \frac{2bc}{b+c}\cos\frac{A}{2} = \frac{2}{b+c}\sqrt{bcs(s-a)}$$

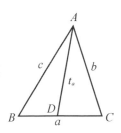

註 此公式複雜難記，通常不採用而改用面積公式來處理。

2. 中線長 M_a 公式：

(1) $\overline{AB}^2 + \overline{AC}^2 = 2(\overline{AM}^2 + \overline{BM}^2)$

（M 為 $\overline{BC}$ 中點）

(2) $M_a = \frac{1}{2}\sqrt{2b^2 + 2c^2 - a^2}$

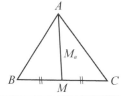

焦點 55 扇形公式與週期

1. 扇形之弧長與面積（θ 為弳）：

(1) 弧長 $L = r\theta$

(2) 面積 $S = \frac{1}{2}r^2\theta = \frac{1}{2}rL$

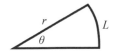

2. 三角函數週期：

(1) $\begin{cases} 2\pi : \sin\theta , \cos\theta , \sec\theta , \csc\theta \\ \pi : \tan\theta , \cot\theta \end{cases}$

(2) 角度乘 k 倍 $\Rightarrow$ 週期除 k 倍

(3) 絕對值或平方 $\Rightarrow$ 週期減半，但 $|\tan x|$、$|\cot x|$、$\tan^2 x$、$\cot^2 x$ 例外。

(4) 和差型 $\Rightarrow$ 求其最小公倍數。

3. 弳與度之關係：

(1) 1 弳 $= (\frac{180}{\pi})° \fallingdotseq 57°17'45''$

(2) $1° = (\frac{\pi}{180})$ 弳 $\fallingdotseq 0.01745$（弳）

焦點 **56** 和角公式

(1) $\sin(\alpha \pm \beta) = \sin\alpha\cos\beta \pm \cos\alpha\sin\beta$

(2) $\cos(\alpha \pm \beta) = \cos\alpha\cos\beta \mp \sin\alpha\sin\beta$

(3) $\tan(\alpha \pm \beta) = \dfrac{\tan\alpha \pm \tan\beta}{1 \mp \tan\alpha\tan\beta}$

焦點 **57** 倍角、半角與三倍角公式

1. 二倍角公式：

(1) $\sin2\theta = 2\sin\theta\cos\theta$

(2) $\cos2\theta = \cos^2\theta - \sin^2\theta = 2\cos^2\theta - 1 = 1 - 2\sin^2\theta$

(3) $\tan2\theta = \dfrac{2\tan\theta}{1 - \tan^2\theta}$

2. (1) $\cos^2\theta = \dfrac{1 + \cos2\theta}{2}$　(2) $\sin^2\theta = \dfrac{1 - \cos2\theta}{2}$

3. 半角公式：

(1) $\sin\dfrac{\theta}{2} = \pm\sqrt{\dfrac{1 - \cos\theta}{2}}$

(2) $\cos\dfrac{\theta}{2} = \pm\sqrt{\dfrac{1 + \cos\theta}{2}}$

(3) $\tan\dfrac{\theta}{2} = \pm\sqrt{\dfrac{1 - \cos\theta}{1 + \cos\theta}} = \dfrac{\sin\theta}{1 + \cos\theta} = \dfrac{1 - \cos\theta}{\sin\theta}$

$= \dfrac{1 - \cos\theta + \sin\theta}{1 + \cos\theta + \sin\theta}$

4. 三倍角公式：

(1)$\cos 3\theta = 4\cos^3\theta - 3\cos\theta$

(2)$\sin 3\theta = 3\sin\theta - 4\sin^3\theta$

焦點 58 三角關係式

1. 倒數關係（對角線，左右相乘等於中間）：

(1)$\sin\theta \cdot \csc\theta = 1$

(2)$\cos\theta \cdot \sec\theta = 1$

(3)$\tan\theta \cdot \cot\theta = 1$

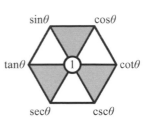

2. 商數關係（邊上連續三函數，左右相乘等於中間）：

(1)$\dfrac{\sin\theta}{\cos\theta} = \tan\theta$

(2)$\dfrac{\cos\theta}{\sin\theta} = \cot\theta$

3. 平方關係（倒三角形）：

(1)$\sin^2\theta + \cos^2\theta = 1$

(2)$1 + \tan^2\theta = \sec^2\theta$

(3)$1 + \cot^2\theta = \csc^2\theta$

4. 餘角關係（水平線）：

(1)$\sin\theta = \cos(90° - \theta)$

(2)$\tan\theta = \cot(90° - \theta)$

(3)$\sec\theta = \csc(90° - \theta)$

焦點 59　三角週期關係

(1)若 θ 為銳角，則：$\sin\theta < \tan\theta < \sec\theta$，$\cos\theta < \cot\theta < \csc\theta$

(2)若 $0 < \theta_1 < \theta_2 < 90°$，則：

　①$\sin\theta_1 < \sin\theta_2$，$\cos\theta_1 > \cos\theta_2$

　②$\tan\theta_1 < \tan\theta_2$，$\cot\theta_1 > \cot\theta_2$

(3)若 $0 \leq \theta \leq 45°$，則$\sin\theta \leq \cos\theta$；若 $45° \leq \theta \leq 90°$，則 $\sin\theta \geq \cos\theta$。

(4)週期特性：

　①若角度前面有 a 倍 ⇒ 原週期 $\div |a|$

　②若函數外有絕對值 ⇒ 週期 $= \pi$

焦點 60　正餘弦函數的疊合

當 a 與 b 是不全為 0 的實數時，函數 $y = a\sin x + b\cos x$ 可以化成正弦函數的形式。

(1)函數 $y = a\sin x + b\cos x$ 的圖形是以 2π 為週期，振幅為 $\sqrt{a^2 + b^2}$ 的波狀圖形。

(2)函數 $y = a\sin x + b\cos x$ 的最大值為 $\sqrt{a^2 + b^2}$，最小值為 $-\sqrt{a^2 + b^2}$。

焦點 61 圓與橢圓的參數式

(1)圓C：$(x-h)^2+(y-k)^2=r^2$的參數式為

$$\begin{cases} x-h=r\cos\theta \\ y-k=r\sin\theta \end{cases} (0\le\theta<2\pi) \text{。}$$

(2)橢圓Γ：$\dfrac{(x-h)^2}{a^2}+\dfrac{(y-k)^2}{b^2}=1$ 的參數式為

$$\begin{cases} x-h=a\cos\theta \\ y-k=b\sin\theta \end{cases} (0\le\theta<2\pi) \text{。}$$

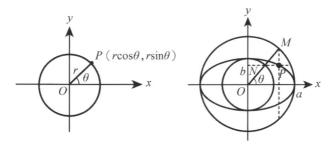

焦點 62 複數平面（高斯平面）

1. **複數的絕對值：**

    (1)複數 $z=x+yi$ 的絕對值
       為 $|z|=\sqrt{x^2+y^2}$（z 與原
       點的距離）

    (2)兩複數 z_1 與 z_2 之差的絕對
       值 $|z_1-z_2|$ 等於 z_1 與 z_2 兩
       點的距離

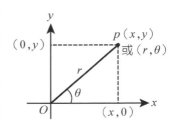

2. **複數的極式：**

設非零複數 $z = x + yi$ 在有向角 θ 的終邊上，令 $r = |z|$，則可以將 z 表示成 $r(\cos\theta + i\sin\theta)$ 的形式，稱為複數 $x + yi$ 的極式，其中：

(1) $x = r\cos\theta$，$y = r\sin\theta$

(2) $r = |z| = \sqrt{x^2 + y^2}$ 稱為 z 的向徑（絕對值）

(3) θ 稱為複數 $x + yi$ 的輻角。當 $0 \leq \theta < 2\pi$ 時，θ 為複數 $x + yi$ 的主輻角，以 $\text{Arg}(x + yi)$ 表示。

3. 極式的乘法與除法公式：

若 $z_1 = r_1(\cos\theta_1 + i\sin\theta_1)$，$z_2 = r_2(\cos\theta_2 + i\sin\theta_2)$，則

(1) $z_1 \cdot z_2 = r_1 r_2 (\cos(\theta_1 + \theta_2) + i\sin(\theta_1 + \theta_2))$

(2) $\dfrac{z_1}{z_2} = \dfrac{r_1}{r_2}(\cos(\theta_1 - \theta_2) + i\sin(\theta_1 - \theta_2))$ $(z_2 \neq 0)$

焦點 63　棣美弗定理

(1) 設 $z = r(\cos\theta + i\sin\theta) \Rightarrow z^n = r^n(\cos n\theta + i\sin n\theta)$

(2) $z = r(\cos\theta - i\sin\theta) \Rightarrow z^n = r^n(\cos n\theta - i\sin n\theta)$

焦點 64　複數的 n 次方根

(1) 設 a、b、$c \in C$，一元二次式 $ax^2 + bx + c = 0$，其解為 $x = \dfrac{-b + \omega}{2a}$，其中 $\omega^2 = b^2 - 4ac$（即 ω 為 $b^2 - 4ac$ 之平方根）。

(2) $z = r(\cos\theta + i\sin\theta)$ 之平方根為 $z_0 = \sqrt{r}\left(\cos\dfrac{\theta}{2} + i\sin\dfrac{\theta}{2}\right)$，另一根為 $-z_0$。

(3) 複數 n 次方根定理：設 $n \geq 2$，方程式 $z^n = \alpha$ 之解為

$$z_k = \sqrt[n]{|\alpha|} \left[\cos\frac{\theta + 2k\pi}{n} + i\sin\frac{\theta + 2k\pi}{n} \right]$$

（其中 $k = 0, 1, 2, 3, \cdots, n - 1$，$\theta$ 為 α 之主輻角，此 n 個根在複數平面上圍成一正 n 多邊形。）

焦點 65 ω 應用

設 $n \in N$，$n \geq 2$，方程式 $x^n = 1$，令 $\omega = \cos\dfrac{2\pi}{n} + i\sin\dfrac{2\pi}{n}$，則：

(1) ω 為 $x^n = 1$ 之一根，即 $\omega^n = 1$。

(2) $1 + \omega + \omega^2 + \cdots + \omega^{n-1} = 0$

(3) $x^n = 1$ 之解集合為 $\{1, \omega, \omega^2, \omega^3, \cdots, \omega^{n-1}\}$

(4) $x^{n-1} + x^{n-2} + \cdots + x + 1 = 0$ 之解集合為 $\{\omega, \omega^2, \cdots, \omega^{n-1}\}$，意即 $x^{n-1} + x^{n-2} + \cdots + x + 1 = (x - \omega) \cdot (x - \omega^2) \cdots (x - \omega^{n-1})$

焦點 66 點線的距離公式

1. 兩點距離：

設 $A(x_1, y_1)$，$B(x_2, y_2)$，則

$$\overline{AB} = \sqrt{(x_1 - x_2)^2 + (y_1 - y_2)^2}$$

2. 點與線的距離：

設 $P(x_0, y_0)$、直線 $L: ax + by + c = 0$，則

$$d(P, L) = \frac{|ax_0 + by_0 + c|}{\sqrt{a^2 + b^2}}$$

3. 兩平行線的距離：

設 $L_1：ax + by + c_1 = 0$、$L_2：ax + by + c_2 = 0$

則$d（L_1，L_2）= \dfrac{|c_1 - c_2|}{\sqrt{a^2 + b^2}}$

焦點 67　直線方程式的求法

1. 點斜式：

已知直線過點$A（x_0, y_0）$且斜率為m，則$L：y - y_0 = m（x - x_0）$，若m不存在，則直線為$x = x_0$。

2. 斜截式：

已知直線斜率為m，y截距為b，則$L：y = mx + b$。

3. 截距式：

已知x截距為a，y截距為b，則$L：\dfrac{x}{a} + \dfrac{y}{b} = 1$。

4. 一般式：

$ax + by + c = 0$ $\begin{cases} 若 b \neq 0，則斜率為 -\dfrac{a}{b} \\ 若 b = 0，則為無斜率之鉛直線 \end{cases}$

5. 平行與垂直：

直線$L_1：ax + by + c = 0$之斜率$m_1 = -\dfrac{a}{b}$

(1)$L_1 // L_2 \Leftrightarrow m_1 = m_2 \Rightarrow$設$L_2：ax + by = k_1$

(2)$L_1 \perp L_2 \Leftrightarrow m_1 \cdot m_2 = -1 \Rightarrow$設$L_2：bx - ay = k_2$

焦點 68 兩直線交角公式

(1)設 $L_1：a_1x + b_1y + c_1 = 0$，$L_2：a_2x + b_2y + c_2 = 0$ 交角為 θ，斜率分別為 m_1、m_2，則

① $\cos\theta = \dfrac{a_1a_2 + b_1b_2}{\sqrt{a_1^2 + b_1^2}\sqrt{a_2^2 + b_2^2}}$，另一交角為 $\pi - \theta$。

② $\tan\theta = \dfrac{m_1 - m_2}{1 + m_1m_2}$，另一交角為 $\pi - \theta$。

(2)設 $L_1：a_1x + b_1y + c_1 = 0$，$L_2：a_2x + b_2y + c_2 = 0$ 兩直線相交，則其角平分線為：

$$\begin{cases} M_1：\dfrac{a_1x + b_1y + c_1}{\sqrt{a_1^2 + b_1^2}} = \dfrac{a_2x + b_2y + c_2}{\sqrt{a_2^2 + b_2^2}} \\ M_2：\dfrac{a_1x + b_1y + c_1}{\sqrt{a_1^2 + b_1^2}} = -\dfrac{a_2x + b_2y + c_2}{\sqrt{a_2^2 + b_2^2}} \end{cases}$$

其中 M_1 在同號區，M_2 在異號區。

焦點 69 不等式所圍面積與極值（頂點法）

(1)先畫直線，決定半平面方向。

(2)求出頂點坐標。

(3)多邊形面積 $= \dfrac{1}{2}\left| \begin{matrix} x_1 \, x_2 \cdots x_n \, x_1 \\ y_1 \, y_2 \cdots y_n \, y_1 \end{matrix} \right|$

註 設 $A(x_1, y_1)$，$B(x_2, y_2)$，$C(x_3, y_3)$，則 $\triangle ABC$ 面積 $= \dfrac{1}{2}\left| \begin{matrix} x_1 \, x_2 \, x_3 \, x_1 \\ y_1 \, y_2 \, y_3 \, y_1 \end{matrix} \right| = \left| x_1y_2 + x_2y_3 + x_3y_1 - x_2y_1 - x_3y_2 - x_1y_3 \right|$，點的順序為 $A \to B \to C \to A$。

(4)將頂點坐標分別代入目標函數並比較大小，合題意者為所求。

焦點 70 圓的方程式

1. 心徑式：

   圓心為 (x_0, y_0)，半徑為 r 之圓方程式，可假設為 $(x - x_0)^2 + (y - y_0)^2 = r^2$。

2. 直徑式：

   以 (x_1, y_1)，(x_2, y_2) 為一直徑二端點之圓方程式為 $(x - x_1)(x - x_2) + (y - y_1)(y - y_2) = 0$。

3. 三點式：

   過三點 (x_1, y_1)，(x_2, y_2)，(x_3, y_3) 之圓方程式，可以三點坐標代入 $x^2 + y^2 + dx + ey + f = 0$ 解 d、e、f 即得。

4. 一般式：

   $x^2 + y^2 + dx + ey + f = 0$，$\Delta = d^2 + e^2 - 4f$

   (1) $\Delta > 0$ 為圓，圓心 $\left(-\dfrac{d}{2}, -\dfrac{e}{2}\right)$，半徑 $= \dfrac{1}{2}\sqrt{\Delta}$

   (2) $\Delta = 0$ 為一點 $\left(-\dfrac{d}{2}, -\dfrac{e}{2}\right)$

   (3) $\Delta < 0$ 無圖形

5. 參數式：

   $(x - h)^2 + (y - k)^2 = r^2$

   $\Rightarrow$ 參數式 $x = h + r\cos\theta$

   $\qquad\qquad y = k + r\sin\theta$

焦點 71 ▶ 圓的切線方程式

1. 已知切點型：

令切點為 $P(x_0, y_0)$，則：

圓方程式	切線方程式
$(x-h)^2+(y-k)^2=r^2$	$(x-h)(x_0-h)+$ $(y-k)(y_0-k)=r^2$
$x^2+y^2+dx+ey+f=0$	$x_0x+y_0y+d\dfrac{x+x_0}{2}+e\dfrac{y+y_0}{2}+f=0$

2. 已知切線斜率型：

令切線斜率為 m，若圓 C 方程式為 $(x-h)^2+(y-k)^2$ $=r^2$，則其切線方程式為 $y-k=m(x-h)\pm r\sqrt{1+m^2}$

3. 已知過圓外一點 $P(x_0, y_0)$，求切線型：

(1)令切線斜率 m，則切線方程式可表為

　　$y-y_0=m(x-x_0)$

(2)$\because$ 相切　$\therefore d=r$，求出 m 得切線

焦點 72 ▶ 圓與直線位置之關係

圓 C：$(x-h)^2+(y-k)^2=r^2$ 與直線 L：$ax+by+c=0$

之距離 $d=\dfrac{|ah+bk+c|}{\sqrt{a^2+b^2}}$。

(1)$d<r \Leftrightarrow$ 圓與直線相交兩點

(2)$d = r \Leftrightarrow$ 圓與直線相切於一點

(3)$d > r \Leftrightarrow$ 圓與直線不相交

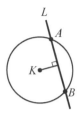 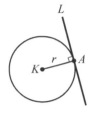 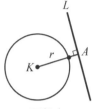

相交於兩點　　　相切於一點　　　不相交
$d(K, L) < r$　　　$d(K, L) = r$　　　$d(K, L) > r$

焦點 73　向量的內積及其性質

1. 向量內積：

$\vec{a} \cdot \vec{b} = |\vec{a}||\vec{b}| \cdot \cos\theta$（$0 \le \theta \le \pi$），其中 θ 表 $\vec{a}$、$\vec{b}$ 的夾角。

(1)坐標表示：

①設 $\vec{a} = (x_1, y_1)$，$\vec{b} = (x_2, y_2) \Rightarrow \vec{a} \cdot \vec{b} = x_1 x_2 + y_1 y_2$

② 設 $\vec{a} = (x_1, y_1, z_1)$，$\vec{b} = (x_2, y_2, z_2) \Rightarrow \vec{a} \cdot \vec{b} = x_1 x_2 + y_1 y_2 + z_1 z_2$

(2)投影量與投影：

①投影量 $\overline{OA'} = |\vec{a}| \cos\theta$

$\qquad = \dfrac{\vec{a} \cdot \vec{b}}{|\vec{b}|}$

②投影 $\overrightarrow{OA'} = (\dfrac{\overline{OA}}{\overline{OB}}) \vec{b}$

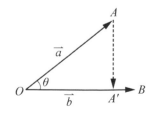

$$= (\frac{\vec{a} \cdot \vec{b}}{|\vec{b}|^2}) \, \vec{b}$$

2. 性質：

(1) $\vec{a} \perp \vec{b} \Leftrightarrow \vec{a} \cdot \vec{b} = 0$

(2) 正定性：$|\vec{a}|^2 = \vec{a} \cdot \vec{a}$

  ① $|\vec{a} + \vec{b}|^2 = |\vec{a}|^2 + 2\vec{a} \cdot \vec{b} + |\vec{b}|^2$

  ② $|\vec{a} - \vec{b}|^2 = |\vec{a}|^2 - 2\vec{a} \cdot \vec{b} + |\vec{b}|^2$

(3) 求夾角 $\cos\theta = \dfrac{\vec{a} \cdot \vec{b}}{|\vec{a}| |\vec{b}|}$

焦點 74 柯西不等式

(1) 設 $\vec{a}$、$\vec{b}$ 為二向量，則：

  ① $|\vec{a} \cdot \vec{b}| \le |\vec{a}| |\vec{b}|$，且等號成立 $\Leftrightarrow \vec{a}$、$\vec{b}$ 有一為零向量或 $\vec{a} \parallel \vec{b}$。

  ② 若 $\vec{a} = (a_1, a_2)$，$\vec{b} = (b_1, b_2)$，且 a_1、a_2、b_1、b_2 皆為實數，則 $(a_1^2 + a_2^2)(b_1^2 + b_2^2) \ge (a_1b_1 + a_2b_2)^2$，等號成立時 $\Leftrightarrow \dfrac{a_1}{b_1} = \dfrac{a_2}{b_2}$ $(b_1b_2 \ne 0)$

(2) 設 a_1、a_2、a_3、b_1、b_2、b_3 皆為實數，則：

  $(a_1^2 + a_2^2 + a_3^2)(b_1^2 + b_2^2 + b_3^2) \ge (a_1b_1 + a_2b_2 + a_3b_3)^2$

  等號成立時 $\Leftrightarrow \dfrac{a_1}{b_1} = \dfrac{a_2}{b_2} = \dfrac{a_3}{b_3}$ $(b_1b_2b_3 \ne 0)$

焦點 75 向量重心與內心公式

1. **重心公式：**

設 G 為 $\triangle ABC$ 之重心，O 為任意一點，M 為 $\overline{BC}$ 之中點

(1)$\overrightarrow{OG} = \dfrac{1}{3} (\overrightarrow{CA} + \overrightarrow{CB})$

(2)$\overrightarrow{GA} + \overrightarrow{GB} + \overrightarrow{GC} = \vec{0}$

(3)$\overrightarrow{OG} = \dfrac{1}{3} (\overrightarrow{OA} + \overrightarrow{OB} + \overrightarrow{OC})$

(4)$\overrightarrow{AG} = \dfrac{2}{3} \overrightarrow{AM}$

(5)$\triangle ABG$ 面積 $= \triangle BCG$ 面積 $= \triangle ACG$ 面積

2. **內心公式：**

設 $\triangle ABC$ 內心為 I，且 $\overline{AB} = c$，$\overline{BC} = a$，$\overline{CA} = b$，則：

(1)$\overrightarrow{OI} = \dfrac{a\overrightarrow{OA} + b\overrightarrow{OB} + c\overrightarrow{OC}}{a + b + c}$

(2)內心 I 到三邊等距

(3)$\triangle ABI$ 面積：$\triangle BCI$ 面積：$\triangle ACI$ 面積 $= c : a : b$

焦點 76 向量共線條件

(1)A，B，C 三點共線 $\Leftrightarrow \overrightarrow{AC} = t\overrightarrow{AB}$ $(t \in R)$

(2)A，B，C 三點共線 $\Leftrightarrow \overrightarrow{OC} = (1 - t)\overrightarrow{OA} + t\overrightarrow{OB}$ $(t \in R)$

或 $\overrightarrow{OC} = x\overrightarrow{OA} + y\overrightarrow{OB}$ 且 $x + y = 1$

(3)A，B，C 三點共線 $\Leftrightarrow x\overrightarrow{OA} + y\overrightarrow{OB} + z\overrightarrow{OC} = \vec{0}$ 且 $x + y + z = 0$

(4)設 $A\,(x_1,y_1)$，$B\,(x_2,y_2)$，$C\,(x_3,y_3)$，若 A、B、C 三

點共線，則 $\begin{vmatrix} x_1 & y_1 & 1 \\ x_2 & y_2 & 1 \\ x_3 & y_3 & 1 \end{vmatrix} = 0$。

焦點 77 面積比

1. 向量面積比公式：

   (1)若 P 為 $\triangle ABC$ 同平面上之點，ℓ、m、$n \in R^+$ 且 $\ell\overrightarrow{PA} + m\overrightarrow{PB} + n\overrightarrow{PC} = \vec{0}$，則 $\triangle ABP : \triangle BCP : \triangle ACP = n : \ell : m$

   (2)若已知 ℓ、m、$n \in R$，且滿足 $\ell\overrightarrow{PA} + m\overrightarrow{PB} + n\overrightarrow{PC} = \vec{0}$，則 $\triangle ABP : \triangle BCP : \triangle ACP = |n| : |\ell| : |m|$

2. 三角形面積比性質：

   (1)等角型：設 $\overrightarrow{AB'} = h\overrightarrow{AB}$，$\overrightarrow{AC'} = k\overrightarrow{AC}$，

   則 $\triangle AB'C' = h \cdot k \cdot \triangle ABC$ 或

   $\dfrac{\triangle AB'C'}{\triangle ABC} = hk$

   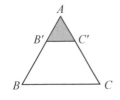

   (2)同底型：設 $\overline{AD} : \overline{DB} = a : b$，

   $\overline{AE} : \overline{EC} = c : d$，

   則 $\dfrac{\triangle BCF}{\triangle ABC} = \dfrac{bd}{(a+b)(c+d)-ac}$

   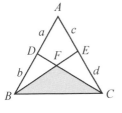

焦點 **78** 直線的參數式與法向量

1. **參數式：**

   平面上通過點$P(x_0, y_0)$且以非零向量
   $\vec{v} = (a, b)$為方向向量的直線參數式為
   $\begin{cases} x = x_0 + at \\ y = y_0 + bt \end{cases}$，實數$t$稱為參數，斜率為
   $m = \dfrac{b}{a}$。

   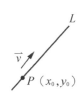

2. **法向量：**

   若直線$L：ax + by + c = 0$與向量
   $\vec{n} = (a, b)$垂直，稱$\vec{n}$為直線L的
   法向量。

   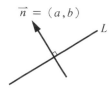

3. **夾角：**

   設二直線L_1、L_2的法向量依次為
   $\vec{n_1}$、$\vec{n_2}$，若$\vec{n_1}$與$\vec{n_2}$的夾角為θ（其中
   $\cos\theta = \dfrac{n_1 \cdot n_2}{|n_1||n_2|}$），則$L_1$與$L_2$的夾
   角為θ或$\pi - \theta$。

   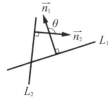

焦點 **79** 克拉瑪公式

二元一次方程組$\begin{cases} a_1x + b_1y = c_1 \\ a_2x + b_2y = c_2 \end{cases}$

$\left(\Delta = \begin{vmatrix} a_1 & b_1 \\ a_2 & b_2 \end{vmatrix} , \Delta_x = \begin{vmatrix} c_1 & b_1 \\ c_2 & b_2 \end{vmatrix} , \Delta_y = \begin{vmatrix} a_1 & c_1 \\ a_2 & c_2 \end{vmatrix} \right)$

(1)當 $\Delta \neq 0$ 時，此聯立方程式恰有一組解為 $x = \dfrac{\Delta_x}{\Delta}$ ，

$y = \dfrac{\Delta_y}{\Delta}$ 。

(2)當 $\Delta = 0$ 時，若 Δ_x、Δ_y 有非 0 的情形，則聯立方程式無解。

(3)當 $\Delta = 0$ 時，若 Δ_x、$\Delta_y = 0$，則聯立方程式無限多解。

焦點 **80** 空間向量

1. 向量的內積：

(1)兩向量 $\vec{a} = (x_1, y_1, z_1)$ 、$\vec{b} = (x_2, y_2, z_2)$ 夾角為 θ，

則內積 $\vec{a} \cdot \vec{b} = x_1 x_2 + y_1 y_2 + z_1 z_2 = |\vec{a}||\vec{b}|\cos\theta$ 。

(2)兩向量 $\vec{a}$ 與 $\vec{b}$ 夾角 θ 的餘弦值為 $\cos\theta = \dfrac{\vec{a} \cdot \vec{b}}{|\vec{a}||\vec{b}|} = $

$\dfrac{x_1 x_2 + y_1 y_2 + z_1 z_2}{\sqrt{x_1^2 + y_1^2 + z_1^2}\sqrt{x_2^2 + y_2^2 + z_2^2}}$

2. 向量的平行與垂直：

兩向量 $\vec{a} = (x_1, y_1, z_1)$ 、$\vec{b} = (x_2, y_2, z_2)$

(1)若 $\vec{a} /\!/ \vec{b} \Leftrightarrow \dfrac{x_1}{x_2} = \dfrac{y_1}{y_2} = \dfrac{z_1}{z_2} = t$ （定值）

(2)若 $\vec{a} \perp \vec{b} \Leftrightarrow \vec{a} \cdot \vec{b} = x_1 x_2 + y_1 y_2 + z_1 z_2 = 0$

3. 柯西不等式：

(1) $|\vec{a}|^2 |\vec{b}|^2 \geq (\vec{a} \cdot \vec{b})^2$ ，當 $\vec{a} /\!/ \vec{b}$ 時等號成立。

(2) $\vec{a} = (x_1, y_1, z_1)$ 、$\vec{b} = (x_2, y_2, z_2)$ ，則

$(x_1^2 + y_1^2 + z_1^2)(x_2^2 + y_2^2 + z_2^2) \geq (x_1 x_2 + y_1 y_2 + z_1 z_2)^2$

等號成立於 $\dfrac{x_1}{x_2} = \dfrac{y_1}{y_2} = \dfrac{z_1}{z_2} = t$

4. 外積：

設 $\vec{a} = (a_1, a_2, a_3)$、$\vec{b} = (b_1, b_2, b_3)$，$\vec{a}$ 與 $\vec{b}$ 的外積

定義為 $\vec{a} \times \vec{b} = \left(\begin{vmatrix} a_2 & a_3 \\ b_2 & b_3 \end{vmatrix}, \begin{vmatrix} a_3 & a_1 \\ b_3 & b_1 \end{vmatrix}, \begin{vmatrix} a_1 & a_2 \\ b_1 & b_2 \end{vmatrix} \right)$

(1) $\vec{b} \times \vec{a} = - (\vec{a} \times \vec{b})$

(2) 外積 $\vec{a} \times \vec{b}$ 和 $\vec{a}$ 與 $\vec{b}$ 都垂直，即 $(\vec{a} \times \vec{b}) \perp \vec{a}$ 且 $(\vec{a} \times \vec{b}) \perp \vec{b}$。

(3) 由 $\vec{a}$ 與 $\vec{b}$ 所張出之平行四邊形的面積為 $|\vec{a} \times \vec{b}| = |\vec{a}||\vec{b}|\sin\theta$

(4) $\triangle ABC$ 的面積為 $\dfrac{1}{2}|\overrightarrow{AB} \times \overrightarrow{AC}|$

(5) 空間中由不共平面的三向量 $\vec{a}$、$\vec{b}$、$\vec{c}$ 所張出之平行六面體的體積 $V = |(\vec{a} \times \vec{b}) \cdot \vec{c}|$

焦點 81 三階行列式

1. 三階行列式：

$$\begin{vmatrix} a_1 & a_2 & a_3 \\ b_1 & b_2 & b_3 \\ c_1 & c_2 & c_3 \end{vmatrix} = a_1 b_2 c_3 + a_2 b_3 c_1 + a_3 b_1 c_2 - a_1 b_3 c_2 - a_2 b_1 c_3 - a_3 b_2 c_1$$

2. 三階行列式的降階法：

$$\begin{vmatrix} a_1 & a_2 & a_3 \\ b_1 & b_2 & b_3 \\ c_1 & c_2 & c_3 \end{vmatrix} = a_1 \cdot \begin{vmatrix} b_2 & b_3 \\ c_2 & c_3 \end{vmatrix} - b_1 \cdot \begin{vmatrix} a_2 & a_3 \\ c_2 & c_3 \end{vmatrix} + c_1 \cdot \begin{vmatrix} a_2 & a_3 \\ b_2 & b_3 \end{vmatrix}$$

3. 三階行列式的應用：

(1)若 $A(a_1, a_2)$、$B(b_1, b_2)$、$C(c_1, c_2)$ 為平面上不共

線的三點，則 $\triangle ABC$ 的面積 $= \dfrac{1}{2}\left|\begin{vmatrix} a_1 & a_2 & 1 \\ b_1 & b_2 & 1 \\ c_1 & c_2 & 1 \end{vmatrix}\right|$。

(2)空間中由三個向量 $\vec{a} = (a_1, a_2, a_3)$、$\vec{b}(b_1, b_2, b_3)$ 與

$\vec{c} = (c_1, c_2, c_3)$ 所張出之平行六面體的體積 $V =$

$\left|\begin{vmatrix} a_1 & a_2 & a_3 \\ b_1 & b_2 & b_3 \\ c_1 & c_2 & c_3 \end{vmatrix}\right|$。

焦點 **82** 空間平面方程式

1. 點向式：

平面 E 過點 $P(x_0, y_0, z_0)$ 且法向

量為 $\vec{N} = (a, b, c) \Rightarrow$ 平面 E 方

程式：$a(x - x_0) + b(y - y_0)$

$+ c(z - z_0) = 0$

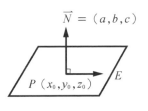

2. 一般式：

$ax + by + cz + d = 0$

3. 截距式：

平面 E 截 x、y、z 軸之截距分別為 a、b、c

$\Rightarrow E : \dfrac{x}{a} + \dfrac{y}{b} + \dfrac{z}{c} = 1$

焦點 83　空間平面之對稱點公式

(1) 平面方程式 $ax + by + cz + d = 0$

　　$\Rightarrow$ 法向量 $\overrightarrow{N} = (a, b, c)$

(2) 設 $P(x_0, y_0, z_0)$，$E : ax + by + cz + d = 0 \Rightarrow$ 點到平面

　　之距離：$d(P, L) = \dfrac{|ax_0 + by_0 + cz_0 + d|}{\sqrt{a^2 + b^2 + c^2}}$

(3) $E_1 : ax + by + cz + d_1 = 0$，$E_2 : ax + by + cz + d_2 = 0$

　　$\Rightarrow$ 二平行平面距離：$d(E_1, E_2) = \dfrac{|d_1 - d_2|}{\sqrt{a^2 + b^2 + c^2}}$

(4) 空間上一點 $P(x_1, y_1, z_1)$ 對於平面 $ax + by + cz + d = 0$

　　之對稱點 Q 的坐標為：

$$\Rightarrow \begin{cases} x = x_1 - \dfrac{2a(ax_1 + by_1 + cz_1 + d)}{a^2 + b^2 + c^2} \\[3mm] y = y_1 - \dfrac{2b(ax_1 + by_1 + cz_1 + d)}{a^2 + b^2 + c^2} \\[3mm] z = z_1 - \dfrac{2c(ax_1 + by_1 + cz_1 + d)}{a^2 + b^2 + c^2} \end{cases}$$

焦點 84　兩平面交角公式與平面族

1. 兩面角：

　　設 $E_1 : a_1x + b_1y + c_1z + d_1 = 0$，法向量 $\overrightarrow{N_1}$

　　　　$E_2 : a_2x + b_2y + c_2z + d_2 = 0$，法向量 $\overrightarrow{N_2}$

　　兩平面夾角為 θ，則 $\cos\theta = \pm \dfrac{\overrightarrow{N_1} \cdot \overrightarrow{N_2}}{|\overrightarrow{N_1}||\overrightarrow{N_2}|}$

2. 平面族：

設 $E_1 : a_1x + b_1y + c_1z + d_1 = 0$

$E_2 : a_2x + b_2y + c_2z + d_2 = 0$，$E_1 \nparallel E_2$

⇒ 過 E_1、E_2 交線之平面可設為 $E_1 + kE_2 = 0$（但不含 E_2）

焦點 85 空間直線方程式

1.

類 型	方程式	參數式
點向式	$\dfrac{x - x_0}{\ell} = \dfrac{y - y_0}{m} = \dfrac{z - z_0}{n}$	$\begin{cases} x = x_0 + \ell t \\ y = y_0 + mt \\ z = z_0 + nt \end{cases}$, $t \in R$
兩點式	$\dfrac{x - x_1}{x_2 - x_1} = \dfrac{y - y_1}{y_2 - y_1} = \dfrac{z - z_1}{z_2 - z_1}$	$\begin{cases} x = x_1 + (x_2 - x_1)t \\ y = y_1 + (y_2 - y_1)t \\ z = z_1 + (z_2 - z_1)t \end{cases}$

2. 二平面 $E_1 : a_1x + b_1y + c_1z + d_1 = 0$，$E_2 : a_2x + b_2y + c_2z + d_2 = 0$ 之交線 L 可表示為 $\begin{cases} a_1x + b_1y + c_1z + d_1 = 0 \\ a_2x + b_2y + c_2z + d_2 = 0 \end{cases}$。

而此直線之一組方向向量可表為 ($\begin{vmatrix} b_1 & c_1 \\ b_2 & c_2 \end{vmatrix}$, $\begin{vmatrix} c_1 & a_1 \\ c_2 & a_2 \end{vmatrix}$, $\begin{vmatrix} a_1 & b_1 \\ a_2 & b_2 \end{vmatrix}$)

3. 對稱點及投影點求法：

$\dfrac{x - x_1}{\ell} = \dfrac{y - y_1}{m} = \dfrac{z - z_1}{n}$

第一步：設 $H(x_1 + \ell t, y_1 + mt, z_1 + nt)$

第二步：利用 $\overrightarrow{AH} \perp (\ell, m, n) \Rightarrow$ 求出 t 得 H

第三步：利用中點公式求 A'

焦點 86　歪斜線距離公式

1. 二歪斜線之距離求法：

【方法1】

(1)將 A、B 表成參數式

(2)利用 $\begin{cases} \overrightarrow{AB} \perp L_1 \\ \overrightarrow{AB} \perp L_2 \end{cases}$ 求 A、B 坐標

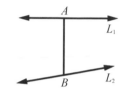

(3) $\overline{AB}$ 即為所求

【方法2】

二歪斜線：$L_1 : \dfrac{x - x_1}{a_1} = \dfrac{y - y_1}{b_1} = \dfrac{z - z_1}{c_1}$ 與

$$L_2 : \dfrac{x - x_2}{a_2} = \dfrac{y - y_2}{b_2} = \dfrac{z - z_2}{c_2}$$

間之距離 $= \dfrac{\begin{vmatrix} x_1 - x_2 & y_1 - y_2 & z_1 - z_2 \\ a_1 & b_1 & c_1 \\ a_2 & b_2 & c_2 \end{vmatrix}}{\sqrt{\begin{vmatrix} b_1 & c_1 \\ b_2 & c_2 \end{vmatrix}^2 + \begin{vmatrix} c_1 & a_1 \\ c_2 & a_2 \end{vmatrix}^2 + \begin{vmatrix} a_1 & b_1 \\ a_2 & b_2 \end{vmatrix}^2}}$

2. 二平行線間距離：

$$L_1 : \dfrac{x - x_1}{a} = \dfrac{y - y_1}{b} = \dfrac{z - z_1}{c}$$

$$L_2 : \dfrac{x - x_2}{a} = \dfrac{y - y_2}{b} = \dfrac{z - z_2}{c}$$

$$d(L_1 \cdot L_2) = \sqrt{\dfrac{\begin{vmatrix} x_2 - x_1 & y_2 - y_1 \\ a & b \end{vmatrix}^2 + \begin{vmatrix} y_2 - y_1 & z_2 - z_1 \\ b & c \end{vmatrix}^2 + \begin{vmatrix} z_2 - z_1 & x_2 - x_1 \\ c & a \end{vmatrix}^2}{a^2 + b^2 + c^2}}$$

焦點 87 二階反方陣

(1)設 A 為 n 階方陣，若有一 n 階方陣 B，滿足 $AB = BA = I_n$，則稱 B 為 A 的乘法反方陣（簡稱反方陣），並以 A^{-1} 表示。

(2)設二階方陣 $A = \begin{bmatrix} a & b \\ c & d \end{bmatrix}$ 且行列式 $\det(A) = \begin{vmatrix} a & b \\ c & d \end{vmatrix} = ad - bc$。

① 當 $\det(A) \neq 0$ 時，A 有乘法反方陣 A^{-1}，且 $A^{-1} = \dfrac{1}{\det(A)} \begin{bmatrix} d & -b \\ -c & a \end{bmatrix}$。

② 當 $\det(A) = 0$ 時，A 沒有反方陣。

③ $(AB)^{-1} = B^{-1}A^{-1}$

焦點 88 線性變換

設二階方陣 $A = \begin{bmatrix} a & b \\ c & d \end{bmatrix}$，在坐標平面上當 $P(x, y)$ 依關係式 $\begin{bmatrix} x' \\ y' \end{bmatrix} = \begin{bmatrix} a & b \\ c & d \end{bmatrix} \begin{bmatrix} x \\ y \end{bmatrix}$ 變換成 $P'(x', y')$ 時，我們稱二階方陣 A 將點 $P(x, y)$ 作線性變換到點 $P'(x', y')$，而點 $P'(x', y')$ 稱為點 $P(x, y)$ 的對應點。

1. 旋轉矩陣：

在坐標平面上，若以原點 O 為中心，將點 $P\,(x,y)$ 依逆時針方向旋轉 θ 角後，可得點 $P'\,(x',y')$，則 $\begin{bmatrix} x' \\ y' \end{bmatrix} = \begin{bmatrix} \cos\theta & -\sin\theta \\ \sin\theta & \cos\theta \end{bmatrix}\begin{bmatrix} x \\ y \end{bmatrix}$，而矩陣 $\begin{bmatrix} \cos\theta & -\sin\theta \\ \sin\theta & \cos\theta \end{bmatrix}$ 為旋轉矩陣。

2. 鏡射矩陣：

在坐標平面上，L 是過原點且與 x 軸正向夾角為 θ 的直線，若點 $P\,(x,y)$ 對直線 L 鏡射得點 $P'\,(x',y')$，則 $\begin{bmatrix} x' \\ y' \end{bmatrix} = \begin{bmatrix} \cos2\theta & \sin2\theta \\ \sin2\theta & -\cos2\theta \end{bmatrix}\begin{bmatrix} x \\ y \end{bmatrix}$，矩陣 $\begin{bmatrix} \cos2\theta & \sin2\theta \\ \sin2\theta & -\cos2\theta \end{bmatrix}$ 為鏡射矩陣。

3. 伸縮矩陣：

在坐標平面上，若以原點 O 為中心將點 $P\,(x,y)$ 沿著 x 軸方向伸縮 h 倍（$h>0$），沿著 y 軸方向伸縮 k 倍（$k>0$），得點 $P'\,(x',y')$，則 $\begin{bmatrix} x' \\ y' \end{bmatrix} = \begin{bmatrix} h & 0 \\ 0 & k \end{bmatrix}\begin{bmatrix} x \\ y \end{bmatrix}$，矩陣 $\begin{bmatrix} h & 0 \\ 0 & k \end{bmatrix}$ 為伸縮矩陣。

4. 推移矩陣：

(1)沿 x 軸：在坐標平面上，若將點 $P\,(x,y)$ 沿 x 軸推移 y 坐標的 k 倍，得點 $P'\,(x',y')$，則 $\begin{bmatrix} x' \\ y' \end{bmatrix} = \begin{bmatrix} 1 & k \\ 0 & 1 \end{bmatrix}\begin{bmatrix} x \\ y \end{bmatrix} = \begin{bmatrix} x+ky \\ y \end{bmatrix}$。

(2)沿 y 軸：在坐標平面上，若將點 $P\,(x,y)$ 沿 y 軸推移 x 坐標的 k 倍，得點 $P'\,(x',y')$，則 $\begin{bmatrix} x' \\ y' \end{bmatrix} = \begin{bmatrix} 1 & 0 \\ k & 1 \end{bmatrix}\begin{bmatrix} x \\ y \end{bmatrix} =$

$$\begin{bmatrix} x \\ kx + y \end{bmatrix}。$$

焦點 89 線性變換的面積比

在坐標平面上,設 $\triangle ABC$ 經線性變換 $\begin{bmatrix} x' \\ y' \end{bmatrix} = \begin{bmatrix} a & b \\ c & d \end{bmatrix} \begin{bmatrix} x \\ y \end{bmatrix}$ 後,

成 $\triangle A'B'C'$,若 $\triangle ABC$ 的面積為 Δ,$\triangle A'B'C'$ 的面積為 Δ',

則 $\Delta' = \left| \begin{array}{cc} a & b \\ c & d \end{array} \right| \cdot \Delta$。

(1)旋轉: $\left| \begin{array}{cc} \cos\theta & -\sin\theta \\ \sin\theta & \cos\theta \end{array} \right| = \cos^2\theta + \sin^2\theta = 1$,所以 $\Delta' = \Delta$,

即面積保持不變。

(2)鏡射: $\left| \begin{array}{cc} \cos2\theta & \sin2\theta \\ \sin2\theta & -\cos2\theta \end{array} \right| = -\cos^2 2\theta - \sin^2 2\theta = -1$,所

以 $\Delta' = |-1| \cdot \Delta = \Delta$,即面積保持不變。

(3)伸縮:因為 $\left| \begin{array}{cc} h & 0 \\ 0 & k \end{array} \right| = hk$,所以 $\Delta' = |hk| \cdot \Delta$,即面積

為原來的 hk 倍。

(4)推移:因為 $\left| \begin{array}{cc} 1 & k \\ 0 & 1 \end{array} \right| = 1$ 或 $\left| \begin{array}{cc} 1 & 0 \\ k & 1 \end{array} \right| = 1$,所以 $\Delta' = \Delta$,

即面積保持不變。

焦點 90 拋物線方程式

1. 拋物線定義:

(1)設 F 為定點,L 為直線,$F \notin L$

　　$S = \{ P \mid \overline{PF} = d(P,L) \}$ 稱為拋物線,L 稱為準

線，F 稱為焦點。

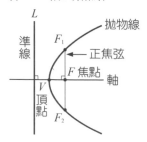

(2)若 $F \in L$，則圖形表直線。

2. 拋物線性質歸納：

方程式	開口	頂點	準線	焦點	正焦弦長
$(y-k)^2 = 4c(x-h)$	左右	(h,k)	$x=h-c$	$(h+c,k)$	$\lvert 4c \rvert$
$(x-h)^2 = 4c(y-k)$	上下	(h,k)	$y=k-c$	$(h,k+c)$	$\lvert 4c \rvert$

3. 拋物線與圖形之連貫：

(1)對稱軸平行 y 軸者可設為 $y = ax^2 + bx + c$ 或

$(x-h)^2 = 4c(y-k)$

(2)對稱軸平行 x 軸者可設為 $x = ay^2 + by + c$ 或

$(y-k)^2 = 4c(x-k)$

焦點 91 ▸ 橢圓方程式

1. 橢圓定義：

$\Gamma = \{ P \mid \overline{PF} + \overline{PF'} = 2a \}$

(1) $2a > \overline{FF'} \Rightarrow$ 橢圓

(2) $2a = \overline{FF'} \Rightarrow$ 線段 $\overline{FF'}$

(3) $2a < \overline{FF'} \Rightarrow \phi$

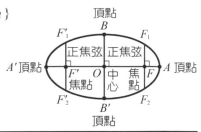

2. 橢圓性質歸納：

方程式 （設 $a > b > 0$）	特徵	焦點	頂點	關係式	正焦弦長
$\dfrac{(x-h)^2}{a^2} + \dfrac{(y-k)^2}{b^2} = 1$	倒立	$(h \pm c, k)$	$(h \pm a, k)$ $(h, k \pm b)$	$a^2 = b^2 + c^2$	$\dfrac{2b^2}{a}$
$\dfrac{(x-h)^2}{b^2} + \dfrac{(y-k)^2}{a^2} = 1$	直立	$(h, k \pm c)$	$(h, k \pm a)$ $(h \pm b, k)$	$a^2 = b^2 + c^2$	$\dfrac{2b^2}{a}$

3. 橢圓參數式：

(1) $\dfrac{x^2}{a^2} + \dfrac{y^2}{b^2} = 1 \Rightarrow$ 參數式 $\begin{cases} x = a\cos\theta \\ y = b\sin\theta \end{cases}, 0 \le \theta < 2\pi$

(2) $\dfrac{(x-h)^2}{a^2} + \dfrac{(y-k)^2}{b^2} = 1$

$\Rightarrow$ 參數式 $\begin{cases} x = h + a\cos\theta \\ y = k + b\sin\theta \end{cases}, 0 \le \theta < 2\pi$

4. 橢圓 $\dfrac{x^2}{a^2} + \dfrac{y^2}{b^2} = 1$（$a > b > 0$）重要性質：

(1) 橢圓面積 $= ab\pi$

(2) 內接矩形最大面積 $= 2ab$

(3) 內接正方形面積 $= \dfrac{4a^2b^2}{a^2 + b^2}$

(4) 內接矩形最大周長 $= 4\sqrt{a^2 + b^2}$

(5)內接△最大面積＝$\dfrac{3\sqrt{3}ab}{4}$

(6)外切矩形之最大面積＝$2\,(a^2+b^2)$

(7)外切矩形之最小面積＝$4ab$

焦點92 雙曲線方程式

1. 雙曲線之定義：

$\Gamma=\{P \mid |\overline{PF}-\overline{PF'}|=2a\}$

(1)$2a>\overline{FF'}\Rightarrow\phi$

(2)$2a=\overline{FF'}\Rightarrow$ 二射線

(3)$2a<\overline{FF'}\Rightarrow$ 雙曲線

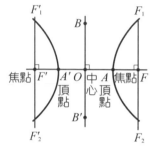

2. 雙曲線性質歸納：

方程式	特徵	頂點	焦點	abc 關係	正焦弦長
$\dfrac{(x-h)^2}{a^2}-\dfrac{(y-k)^2}{b^2}=1$	左右	$(h\pm a,k)$	$(h\pm c,k)$	$c^2=a^2+b^2$	$\dfrac{2b^2}{a}$
$\dfrac{(y-k)^2}{a^2}-\dfrac{(x-h)^2}{b^2}=1$	上下	$(h,k\pm a)$	$(h,k\pm c)$	$c^2=a^2+b^2$	$\dfrac{2b^2}{a}$

3. 雙曲線 $\dfrac{x^2}{a^2}-\dfrac{y^2}{b^2}=1$ 之漸近線：

(1)二漸近線：$bx+ay=0$，$bx-ay=0$。

(2)若二漸近線為 L_1、L_2，則雙曲線可設為 $L_1\cdot L_2=k$。

(3)若二漸近線為 L_1、L_2，P 為曲線上一點

$$d(P,L_1) \times d(P,L_2) = \frac{a^2 b^2}{a^2 + b^2}$$

(4)若漸近線斜率為正，斜角為 θ，則 $\tan\theta = \dfrac{b}{a}$。

(5)共軛雙曲線：$\dfrac{y^2}{b^2} - \dfrac{x^2}{a^2} = 1$

(6)若 $a = b$，則稱為等軸雙曲線。

(7)等軸 $\Leftrightarrow$ 二漸近線垂直 $\Leftrightarrow$ 三長相等（貫軸＝共軛軸 ＝正焦弦長）

(8)貫軸長為 $2a$，共軛軸長為 $2b$，$b^2 = c^2 - a^2$

焦點 93 ▶ 圓錐曲線之切線公式

1. 過曲線上一點 $P(x_0, y_0)$，求切線：

   $x^2 \to xx_0$，$y^2 \to yy_0$，$x \to \dfrac{x + x_0}{2}$，$y \to \dfrac{y + y_0}{2}$，$f \to f$

   代入原方程式即可求切線方程式

2. 過曲線外一點 $P(x_0, y_0)$，求切線：

   設切線 $y - y_0 = m(x - x_0)$，代入曲線消去 y（或 x）

   $\Rightarrow$ 得 $Ax^2 + Bx + C = 0$

   $\because$ 相切　$\therefore D = 0$，求出 m 得切線

3. 已知切線斜率 m，求切線：

   (1)拋物線：

   ① $(y - k)^2 = 4c(x - h)$

   　$\Rightarrow y - k = m(x - h) + \dfrac{c}{m}$

   ② $(x - h)^2 = 4c(y - k)$

   　$\Rightarrow y - k = m(x - h) - m^2 c$

(2)橢圓：

　①$\dfrac{(x-h)^2}{a^2}+\dfrac{(y-k)^2}{b^2}=1$

　　$\Rightarrow y-k=m\,(x-h)\pm\sqrt{a^2m^2+b^2}$

　②$\dfrac{(x-h)^2}{b^2}+\dfrac{(y-k)^2}{a^2}=1$

　　$\Rightarrow y-k=m\,(x-h)\pm\sqrt{b^2m^2+a^2}$

(3)雙曲：

　①$\dfrac{(x-h)^2}{a^2}-\dfrac{(y-k)^2}{b^2}=1$

　　$\Rightarrow y-k=m\,(x-h)\pm\sqrt{a^2m^2-b^2}$

　②$\dfrac{(y-k)^2}{a^2}-\dfrac{(x-h)^2}{b^2}=1$

　　$\Rightarrow y-k=m\,(x-h)\pm\sqrt{a^2-b^2m^2}$

國家圖書館出版品預行編目資料

別瞎算！數學題目這樣解就對了／王擎天、傑哥著

新北市：鴻漸文化出版　采舍國際有限公司發行

2017.10　面；　　公分

ISBN 978-986-95025-2-8（平裝）

1.初等教育　2.中等教育

524.32　　　　　　　　　　　　　106015261

鴻漸文化

別瞎算！
數學題目 這樣解就對了

編著者●王擎天、傑哥　　　　　　　　　出版總監●歐綾纖

出版者●鴻漸文化　　　　　　　　　　　副總編輯●陳雅貞

發行人●Jack　　　　　　　　　　　　　責任編輯●蔡秋萍

美術設計●陳君鳳　　　　　　　　　　　排版●王芋崴

編輯中心●新北市中和區中山路二段366巷10號10樓

電話●(02)2248-7896　　　　　　　　　傳真●(02)2248-7758

總經銷●采舍國際有限公司

發行中心●235新北市中和區中山路二段366巷10號3樓

電話●(02)8245-8786　　　　　　　　　傳真●(02)8245-8718

退貨中心●235新北市中和區中山路三段120-10號（青年廣場）B1

電話●(02)2226-7768　　　　　　　　　傳真●(02)8226-7496

郵政劃撥戶名●采舍國際有限公司

郵政劃撥帳號●50017206（劃撥請另付一成郵資）

新絲路網路書店●www.silkbook.com

華文網路書店●www.book4u.com.tw

PChome商店街●store.pchome.com.tw/readclub

出版日期●2017年10月

Google　鴻漸 facebook

鴻漸文化最新出版、相關訊息盡在粉絲專頁

本書係透過華文聯合出版平台（www.book4u.com.tw）自資出版印行，並委由
采舍國際有限公司（www.silkbook.com）總經銷。

全系列
展示中心　新北市中和區中山路二段366巷10號10樓（新絲路書店）

本書採減碳印製流程並使用優質中性紙（Acid & Alkali Free）與環保油墨印製，通過
綠色印刷認證。